Alles außer flach

Essays über aktuelle Literatur
aus den Niederlanden und Flandern

W0192162

edition amikejo

Alles außer flach

Essays über aktuelle Literatur
aus den Niederlanden und Flandern

Herausgegeben von
Hans Beelen, Johanna Bundschuh-van Duikeren
und Jan Konst

edition amikejo

Eine Publikation des Niederlandistenverbandes

Herausgegeben von
Hans Beelen, Johanna Bundschuh-van Duikeren und Jan Konst

Diese Publikation wurde gefördert von der Taalunie und der Botschaft
des Königreichs der Niederlande.

Königreich der Niederlande

Deutsche Erstausgabe, 1. Auflage 2024
© 2024 edition amikejo, Aachen
im EuregioKultur e. V., eingetragen beim Amtsgericht Aachen
im Vereinsregister VR 5130, vertreten durch Dr. Oliver Vogt
Reuschenberger Straße 5, 51379 Leverkusen
www.edition-amikejo.de

Der Buchumschlag wurde vom Studio de Ronners im Rahmen des Gast-
landauftritts Niederlande & Flandern 2024 auf der Leipziger Buchmesse
unter dem Motto „Alles außer flach" entworfen.

Lektorat: Julia Höhlein
Satz: Janssen Peters/ www.satzbuero-peters.de
Druck und Bindung: FINIDR s.r.o., Cesky Tesfn

ISBN: 978-3-9818894-8-2

Inhalt

Vorwort

Im März 2024 präsentieren die Niederlande und Flandern ihre Literatur auf der Leipziger Buchmesse. Der Gastlandauftritt ist für den Fachverband der Hochschulniederlandisten in den deutschsprachigen Ländern Anlass, eine Bilanz zu ziehen. In diesem Band stellen neunundzwanzig Niederlandist*innen aus Deutschland, Österreich und der Schweiz aktuelle deutsche Übersetzungen vor: Romane, Kinder- und Jugendliteratur, Graphic Novels, Sachbücher, Lyrik, wiederentdeckte Klassiker ebenso wie Werke der neuen literaturschaffenden Generation.

Die Vielstimmigkeit der übersetzten Texte findet ihre Entsprechung in den kurzen Essays des Bandes. Sie richten sich aber alle an ein breites Publikum, ordnen die Werke in relevante Zusammenhänge ein und verwandeln sich nicht selten in dringende Leseempfehlungen.

Wir laden Sie ein, sich mit uns auf eine assoziative Reise durch die Literaturlandschaft der niederen Lande zu begeben: von den höchsten Bergen über das algengrüne Meer zum Klimawandel, vom Mikrokosmos des allzu Menschlichen zu europäischen Dimensionen, zu Kriegen und postkolonialen Migrationsbewegungen, die das Leben von Individuen prägen und manchmal ihr Schicksal bestimmen.

Gleich, ob Sie sich auf dem von uns vorgeschlagenen Pfad bewegen, oder Ihre eigene Route einschlagen: Sie werden feststellen, dass die niederländischsprachige Literatur alles außer flach ist!

Hans Beelen, Johanna Bundschuh-van Duikeren & Jan Konst

Toine Heijmans

„Die Berge sind das, was wir daraus machen"

Toine Heijmans: *Der unendliche Gipfel*
Aus dem Niederländischen von Ruth Löbner

Truus De Wilde

Ein Niederländer, der übers Bergsteigen schreibt? Bevor da
jemand auf die Idee kommt, Witze zu reißen, kommt Toine
Heijmans einem schon zuvor. Er schreibt über sich selbst und
die eigene Vergangenheit und gleichzeitig über die Welt, wie
sie war und wie sie geworden ist. Ein Buch voller Melancholie.
Aber der Reihe nach, wie ein Bergsteiger: „Eins. Zwei. Drei
Schritte und vier Atemzüge".

Die autobiografischen Züge der Erzählung liegen auf der
Hand. Der Roman ist drei Freunden des Autors gewidmet:
Sander („der mir beigebracht hat, zu klettern"), Lennaert und
Don („die mir beigebracht haben, zu leben"); die Danksagung
wird um ein Bild des Autors in jüngeren Jahren während einer
Verschnaufpause beim Bergsteigen ergänzt. Es ist also ganz
offensichtlich, dass hier Autobiografisches zu Literatur ver-
dichtet wird, ein Prozess, der dem Autor gut gelungen ist.

Ein Prozess auch, den er bereits zuvor erprobt hat: sein
erster Roman *Op zee* (2011; von Ilja Braun 2012 als *Irrfahrt*
übersetzt) spielt auf einem Segelboot. Toine Heijmans, der
seit langem vom Leben auf dem Wasser fasziniert ist, ist selbst
leidenschaftlicher Segler. Auch in diesem vielfach preisgekrönten und verfilmten Roman ist die Arena letztlich den
zentralen Themen, wie Angst und Eltern-Kind-Beziehungen,
untergeordnet. Genauso ist es in *Pristina* (2014; von Ruth

Löbner 2022 ins Deutsche übersetzt), das auf intelligente Weise die Asylströme in der globalisierten Welt thematisiert und die kleinkarierten Verwaltungsvorschriften offenbart, die zur Bewältigung der Asylverfahren erdacht wurden.

Toine Heijmans, der Geschichte studierte, ist darüber hinaus nicht nur Schriftsteller, sondern auch Journalist. Für seine „Kolumnen in Buchform" über seinen an Alzheimer erkrankten Vater (*Met mijn vader is niets mis*, 2019; bisher nicht ins Deutsche übersetzt), wählt Heijmans ein Verfahren, das näher an der Realität bleibt, jedoch auch viele fiktionale Elemente enthält. Selbst charakterisiert er sich auf seiner Webseite als einer, „der in allem ein Generalist ist", eben kein Steuermann an Land, sondern ein gut informierter und reflektierter Zeitgenosse. In jeder seiner Veröffentlichungen ist soziales Engagement sichtbar und wird der journalistische Blick mit dem literarischen vermischt. Und damit wären wir wieder beim Roman, bei der Erzählung.

Alles, alles geht vorbei

„Eins. Zwei. Drei Schritte und vier Atemzüge." Lenny bringt Walter das Klettern bei. Nicht in den Alpen oder im Himalaya, sondern an einem Pfeiler einer Brücke in der Stadt, in der sie studieren. Das geht, meint Lenny, denn „die Berge [...] sind auch bloß ein Stapel Steine, genau genommen ist das hier also Bergsteigen". Es entsteht eine Freundschaft, in der „voneinander abhängig" im wahrsten Sinne zutrifft: Lenny und Walter entdecken die Berge, die Welt und das Leben, während sie durch ein Seil miteinander verbunden sind.

Im Laufe der Jahre bezwingen sie alle Achttausender und klettern auf allen Kontinenten. Sie klettern, schlafen, klettern. Lenny erzählt, Walter hört zu. Walter, Musterschüler, bleibt den Bergen treu, während Lennys Leben sich mehr und mehr auch im Flachland abspielt. Ein bürgerliches Leben, meint Walter, das alles verrät, was sie mal für wichtig gehalten haben. Walter klettert weiter, sieht wie sich der Bergsport in eine Massenbewegung verwandelt und trauert vereinsamt den alten Zeiten nach. Drei Schritte, vier Atemzüge, es war mal so schön und simpel, dass man beim Bergsteigen eigentlich nur mit sich selbst beschäftigt ist „und mit nichts anderem".

„Erst später ging mir die Grausamkeit der Berge auf, ihre Kälte, ihr Desinteresse": Das war für Walter eine gewisse Befreiung, denn „die Berge sind das, was wir daraus machen, [...] und wir hatten jetzt also das daraus gemacht". Heijmans erzählt die Geschichte der beiden vorwärts und rückwärts durch Zeit und Raum springend und gliedert sie in Kapitel, die als Überschriften die Höhenmeter tragen, auf denen sie spielen. Klettern kann Leiden sein oder auch Tanzen oder wie eine Rechenaufgabe. Tenzing Norgay, der als Erster gemeinsam mit Edmund Hillary den Gipfel des Mount Everest erklomm, beschreibt, wie ihm Klettern nur gelingt, wenn er es mit Liebe macht, „wie ein Kind, das auf den Schoß der Mutter klettert". Der Autor ergänzt im Roman eigene Vergleiche um Zitate von anderen Bergsteiger*innen. Gekonnt verflicht er auf diese Weise seine Geschichte mit vielen historischen Informationen. So bekommt der Roman neben der autobiografischen und erzählerischen Schicht auch eine historisch-journalistische.

Sauerstoffschuld

Dabei streift Heijmans mehrere aktuelle Themen. So bekommen in dieser als typische Männerwelt wahrgenommen Umgebung auch die Geschichten der Bergsteigerinnen eine

3

prominente Rolle zugeteilt; Heijmans hinterfragt die Namensgebung von Bergen in kolonialen Gebieten und nimmt nebenbei auch einen kolonialismuskritischen Standpunkt ein. Am deutlichsten wird er, wenn es um Massentourismus in den Bergen geht. Das Streben nach höher, schneller und spektakulärer scheint nicht nur Walter, sondern auch Heijmans zu stören. *Der unendliche Gipfel* ist somit auch ein Denkmal für vergangene Zeiten des Bergsteigens, in denen mit kargen Mitteln und unter rauen Bedingungen menschliche Grenzen verlegt worden sind. Lenny und Walter „kletterten immer im Schatten der großen Geschichten, die ordentlich aufgereiht in Lennys Bücherregal standen."

Melancholie ist hier vorprogrammiert, „ich bin zu spät geboren, um Kletterer zu sein." Bisweilen lustig aber immer ein wenig unterkühlt und mit Augenzwinkern kommentiert der Roman das Entgleisen des ‚wahren' Bergsports hin zu einem gefährlichen Massenphänomen, zum Beispiel wenn Walter auf 5650 Meter Höhe dann doch einen Latte Macchiato im Zelt der Amerikaner bestellt, oder die Puja, die traditionelle Zeremonie der nepalesischen Träger, aus der Ferne beobachtet. Nun ja, „der Berg ist kein Ort, wo man sich lange den Kopf zerbrechen darf, auch nicht im Nachhinein." Eins, zwei, drei Schritte und Atmen.

Großartig ist der Roman, weil er die autobiografische Ebene mit anderen Ebenen verknüpft. Freilich könnte man den Roman trotzdem als reine Autobiografie und Wirklichkeitsbericht lesen. Ist die Figur Lenny eigentlich der Lennaert aus der Widmung? Ist die Stadt, wo sie studieren, Nimwegen? Man könnte sich eingehend mit dem Phänomen Sauerstoffschuld (die „zuurstofschuld" aus dem niederländischen Titel) beschäftigen oder in anderen Quellen über erwähnte Bergsteiger*innen, Vorfälle und Todesstürze weiterlesen. Man verlöre dabei aber das eigentlich Wesentliche des Romans, die Literatur, die ja seziert, verrückt, ausleuchtet, verdeckt und verdichtet.

Nutzen und Notwendigkeit

Toine Heijmans benutzt seine Romane, um über Themen, die ihn beschäftigen, zu schreiben. Nach der Publikation lassen diese ihn nicht los, er warnt in den sozialen Medien und in Artikeln weiterhin vor den katastrophalen Folgen unseres Freizeitverhaltens. Wenn es um Massentourismus beim Bergsteigen geht, hatte der Schriftsteller und Journalist im Sommer gleich zwei Gelegenheiten für solche Warnungen.

Auf Twitter kommentierte er die Gipfelbesteigung von Simon Messner, Sohn von Reinhold Messner, einem der Bergsteigeridole von Walter und Lenny, mit „klimmen zoals klimmen bedoeld is" (dt.: ‚Bergsteigen, wie Bergsteigen gedacht ist', 24. Juli 2023, *Twitter*). Leicht melancholisch, ohne moralischen Zeigefinger, wie auch in seinem fiktionalen Werk.

Wenig später dann groß in den Medien: Muhammad Hassan stürzt am K2 im Himalaya und stirbt auf dem Berg. Auf Aufnahmen ist zu sehen, wie andere Kletterer über den Verletzten hinweg steigen, unklar ist, ob er da schon gestorben ist, oder ihm noch hätte geholfen werden können. Realität und die Fiktion des Romans sind nah beieinander. Heijmans kommentiert den Todesfall auf Twitter mit „heel naar" (dt.: ‚sehr übel', 5. August 2023), und ich denke an das, was er Walter denken lässt: „Was wir taten, was ich tat, war das Persönlichste, Egoistischste, Nutzloseste, was ein Mensch tun konnte."

Toine Heijmans hat nicht nur einen Roman übers Bergsteigen geschrieben, sondern legt uns eine melancholische Erzählung über das Leben und über Freundschaft unter Extrembedingungen in einer sich wandelnden Welt vor. Der Ton ist immer leicht, der Inhalt nicht immer; doch stets hört man ihm gerne beim Erzählen zu. Quasi nebenbei erfährt man auch eine Geschichte des Bergsteigens, wobei das Spannende dabei weniger ist, wie Menschen die Gipfel erreichen, sondern das, was Berge mit ihnen tun. Die Übersetzerin Ruth Löbner liefert sehr präzise Arbeit und einen deutschen Text, der sich genauso herrlich liest wie das niederländischsprachige Original. Auch wer eher wenig mit den Bergen oder dem Bergsteigen am Hut hat, Flachländer eben, wird dieses Buch goutieren können. Eins, zwei, drei und alles außer flach, in der Tat.

Toine Heijmans: *Der unendliche Gipfel*. Aus dem Niederländischen von Ruth Löbner. Hamburg: mairisch Verlag, 2023. ISBN: 978-3-948722-25-8.

Cees Nooteboom

„Aber sonst war alles in Ordnung"

Cees Nooteboom: *Prosa und Gedichte 2016–2021*
Aus dem Niederländischen von Helga van Beuningen
und Ard Posthuma

Ralf Grüttemeier

Nooteboom geht mit einer Reihe von anderen Schriftstellern
davon aus, dass ein Autor immer nur ein Buch schreibt. Für
solche Autoren ist Schreiben ein existenzielles Anliegen; sie
schreiben nicht so sehr einzelne Bücher, sondern eben ein
Werk – und das handelt im Falle von Nooteboom von den
großen Themen wie Tod (Nootebooms Gedichtdebüt trug
den Titel *De doden zoeken een huis*, 1956; dt.: ‚Die Toten
suchen ein Haus'), Zeit und Phantasie. So betrachtet, zeigt
sich an *Prosa und Gedichte 2016–2021* eine inzwischen fast
70-jährige Konsistenz des schreibenden Suchens danach, wie
Menschen sich zur unhintergehbaren Vergänglichkeit von
allem verhalten. Entsprechend kann man an vielen Stellen in
Prosa und Gedichte 2016–2021 hineingreifen, um zum Kern
des Schreibens von Nooteboom vorzudringen. Dazu eignet
sich zum Beispiel das erste, titellose Gedicht des 33-teiligen
Gedichtzyklus *Mönchsauge* (2018; ndl.: *Monniksoog*, 2016)
im Herzen des vorliegenden Bandes, begleitet von Zeichnungen von Mathias Weichner:

> Am Bettrand ein mühsamer Gott,
> sechs Engel mit ermüdeten Flügeln,
> Windstärke zehn und gegen den Wind geflogen
> Übers Watt, stürmisches Meer.

In der Nacht sehe ich die jenseitigen Lichter,
betrachte die Engel, die mich anscheinend kennen,
meine Decke ausleihen wollen und im Grunde auch das Bett,
in dem ich ohnehin nicht schlafen konnte.

Der Gott gleicht dem Kapitän der Fähre,
die Kaninchen, die ich im Dunkeln rennen sah,
hatten Angst vor dem Jäger, der Leuchtturm
fiel mit seinem Licht quer ins Zimmer,

aber sonst war alles in Ordnung.

Wer durch den Titel *Monniksoog* bereits auf die Fährte
der Watteninsel Schiermonnikoog gesetzt wurde, wird sich
durch die Verweise auf Watt, Windstärke 10, den Leuchtturm und die auf der Insel allgegenwärtigen Kaninchen
darin bestätigt sehen. Zugleich wird diese konkrete Insel
aber durch den phantastischen Einstieg mit einem doch
relativ vollen Schlafzimmer – sechs müde und fröstelnde
Engel, ein lyrisches Ich, das nicht schlafen kann, und ein
„mühsamer" Gott, der etwas vom Schiffskapitän der Fähre
hat – vom ersten Vers an in etwas anderes überführt. Spätestens beim Zeilensprung in Vers 13 und 14 überträgt sich
die Angst der im Dunkeln rennenden Kaninchen „vor dem
Jäger, der Leuchtturm" auf das lyrische Ich, dem der Leuchtturm „mit seinem Licht quer ins Zimmer" fällt – aber dann
wird eben auch die Angst der Tiere vor dem Jäger in den
Dünen zu einer Angst des Ich vor einem anderen Jäger, bei
einer anderen Überfahrt, die bereits in den „jenseitigen
Lichtern" im fünften Vers anklang. Nooteboom wäre jedoch
nicht Nooteboom, wenn dieses beklemmende, phantastische
Umspielen des Todes nicht mit einer ironischen Brechung

enden würde: „aber sonst war alles in Ordnung." Ironie – bei der ihre große Schwester Melancholie selten weit weg ist – begleitet Nootebooms schreibendes Tänzeln um Zeit, Erinnerung und Vergänglichkeit dann auch von Anfang an und in allen Gattungen, seien es Romane, Gedichte, Erzählungen oder Reiseberichte. Im langen Interview mit seinem flämischen Kollegen Hugo Claus aus dem Jahr 1983, ebenfalls aufgenommen im vorliegenden Band, spricht Nooteboom selber von der „bekannten Nooteboom-Melancholie". So wird der Dichter André Steenkamp in Nootebooms Roman *De ridder is gestorven* (1963; dt.: *Der Ritter ist gestorben*, 1996) auf Englisch gefragt, worüber er in seinen Gedichten denn so schreibe – „A lot about death" ist seine unverkennbar Nooteboomsche Antwort. In einem Interview aus dem Jahr 1978 hat er diesen Aspekt bereits auf den Punkt gebracht: „Man trägt sozusagen zwei Menschen mit sich herum, einer mit einem Hang zum Ewigen, und einer der das perfekt ironisiert."

Pale blue dot

Das vorliegende 1137-seitige Buch ist der elfte Band der seit 2004 erscheinenden und zunächst auf acht Bände projektierten *Gesammelten Werke*. Er wird aller Voraussicht nach nicht der letzte sein, da Nooteboom seit 2021 kontinuierlich weiterschreibt – man denke nur an *Bomen waarin stenen bloeien. De verzonnen wereld van Giuseppe Penone* (2023; dt.: *In den Bäumen blühen Steine. Die erdachte Welt von Giuseppe Penone*), über den arte-povera-Künstler und dessen spektakuläre Ausstellung im Museum Voorlinden. Neben der ungebrochenen Schreiblust des Autors demonstriert der elfte Band eindrücklich Nootebooms fortgesetzte Neugier

auf Welt und internationale Kunst, von den ihn umtreiben-
den existentiellen Fragen aus. Exemplarisch stehen dafür
die langen Essays über Hieronymus Bosch, Venedig und das
japanische Kloster Kozan-ji.

Der elfte Band bietet aber nicht nur eine Vielzahl von
Wegen zum Kern des Schreibens von Nooteboom – durch die
große Homogenität seines Werks werden auch neue Schlag-
lichter auf Teile desselben geworfen. So enden die 80 Miniaturen von *533: Een dagboek* (2016; dt.: *533 Tage. Berichte
von der Insel*) mit dem Blick auf das Meer, genauer: mit
dem Blick von Punta Prima auf Menorca aus hinüber zum
Leuchtturm auf Isla del Aire, wo Nooteboom daran denkt,
dass dort vergangene Woche eine Yacht untergegangen sei,
„ein Mann über Bord, seine Leiche wurde mit Spuren von
Haibissen gefunden." Dieser Tod ist aber bloß das Ende des
vorletzten Satzes. Der letzte Satz lautet: „Ich denke an die
beiden Reisenden in ihrem Ozean ohne Wasser, außerhalb
des Bereichs der Sonne unterwegs zu einer Wolke voller
Gefahren, an ihren Weg zum Überall der kosmischen Leere,
zum Haus des nächsten Sterns."

Wer alle 200 Seiten der *533 Tage* bis dahin gelesen hat,
weiß, dass Nooteboom hier von den beiden 1977 gestarteten
Raumsonden Voyager 1 und Voyager 2 spricht, die inzwischen als erste von Menschen geschaffene Objekte unser
Sonnensystem verlassen haben – und die Nooteboom seit
ihrem Start „im Blick behalten" hat. Auch Herman Mussert,
der Held aus *Het volgende verhaal* (1991; dt.: *Die folgende
Geschichte*, 1995), war von diesen Reisenden fasziniert und
berichtet ausführlich von seinem Besuch im Smithsonian
Institute in Washington, wo auch Nooteboom war, und wo
das Fundament für die Faszination mit diesen zwei ein-
samsten aller Reisenden gelegt wurde. Am Abend seines
Todes, mit dem *Het volgende verhaal* anfängt und zugleich

endet, hat Mussert noch ein Foto aus der niederländischen Tageszeitung *NRC* ausgeschnitten und mit ins Bett genommen – und zwar ein Foto, das Voyager 1 aus einer Entfernung von 6 Milliarden Kilometern von den Planeten Venus, Erde, Mars, Jupiter, Saturn, Uranus und Neptun gemacht hatte.

Dieses am 14. Februar 1990 aufgenommene Foto findet man im Netz schnell, wenn man als Suchbegriff ‚Family Portrait' eingibt – und wer Mussert und Nooteboom verstehen will, kommt nach Lektüre von Band 11 der *Gesammelten Werke* nicht um eine genaue Betrachtung dieses aus Einzelfotografien zusammengesetzten Fotos hin. Die ungeheure Leere um den kleinen blauen Flecken Erde ist evident; sie ist angsteinflößend und schön zugleich. Ein gefundenes Fressen für Nootebooms Grundton also. Auf der anderen Seite steht das Foto im Rahmen des Nooteboomschen Werks aber auch dafür, dass die Menschheit in der Lage ist, sich Spiegel vorzuhalten, sei es mittels technischer Objekte oder durch Gedichte, Romane und Reiseberichte, die es möglich machen, sich zu dieser Vergänglichkeit zu verhalten. Was den Menschen, so betrachtet, ausmacht, ist, dass wir unsere begrenzte Zeit auf diesem Planeten mit Gedanken und Gesprächen sowohl mit Anwesenden wie Abwesenden füllen können, über Existenzielles wie über Banales – wodurch das Leben zwar nicht länger, aber auf jeden Fall nicht langweiliger wird.

Un-niederländisch?

Der deutsche Niederlandist Carel ter Haar, der viel für die Verbreitung der modernen niederländischen Literatur in Deutschland getan hat, hat den Unterschied zwischen der Begeisterung für Nooteboom in Deutschland (Nobelpreisniveau!) und der in den Niederlanden Anfang der 1990er Jahre eher lauen Wertschätzung (inzwischen wird Nooteboom auch dort für den Nobelpreis vorgeschlagen) einmal damit zu erklären versucht, dass Nooteboom „so unniederländisch" sei. Nach Lektüre des vorliegenden Bandes bin ich mir da nicht mehr so sicher. Schließlich könnte man behaupten, dass insbesondere die niederländische Kultur von der Erinnerung an Tod und Vergänglichkeit geradezu durchtränkt ist, von den Stillleben des 17. Jahrhunderts bis hin zum immer wieder extrem beeindruckenden Gedenken an die Toten des 2. Weltkriegs, wo an jedem 4. Mai praktisch ein ganzes Land um 20:00 Uhr zwei Minuten still steht.

Auch seine internationale Orientierung hat Nooteboom nicht von einem Fremden, wie der Niederländer sagen würde: Man muss dann nicht nur an die internationalen Handelsnetzwerke der Niederlande denken, die zum Beispiel schon im 17. Jahrhundert als der ‚Buchladen Europas' bezeichnet wurden, sondern vor allem an kulturelle Einflüsse, für die der niederländische Historiker Johan Huizinga einmal das Bild des niederländischen Hauses mit den offenen Fenstern und Türen gewählt hat, durch das der kulturelle Wind aus den benachbarten englischen, französischen und deutschen Sprachräumen wehen kann. Ein Bild eben, mit dem man nicht nur die Niederlande, sondern auch Nooteboom, den Weltkulturbürger beschreiben kann.

Schließlich ist Nooteboom sehr niederländisch auch dahingehend, dass fast alle der größten Schriftsteller der Niederlande der letzten 150 Jahre große Teile ihres Lebens außerhalb der Niederlande verbracht haben – von Multatuli über Gerard Reve, Willem Frederik Hermans und Hella Haasse bis hin zu Arnon Grunberg. So betrachtet, ist Nooteboom ein niederländischer Schriftsteller par excellence, in einer Reihe mit einem weiteren, Erasmus von Rotterdam, der all das auch teilt und in seiner Schrift zur Vorbereitung auf den Tod, *De praeparatione ad mortem* (1533), schrieb: „Wir sind Reisende in dieser Welt, keine Bewohner". Vielleicht ein Motto für Band 12 der *Gesammelten Werke* Nootebooms?

Cees Nooteboom: *Prosa und Gedichte 2016–2021*. Gesammelte Werke, Band 11. Aus dem Niederländischen von Helga van Beuningen und Ard Posthuma. Berlin: Suhrkamp, 2022. ISBN: 978-3-518-43048-4.

Mathijs Deen

„Sehr gesprächig ist er nicht"

Die *Cupido*-Romane von **Mathijs Deen**: *Der Holländer*
und *Der Taucher*
Aus dem Niederländischen von Andreas Ecke

Matthias Hüning

Wussten Sie eigentlich, dass es eine ‚Deutsch-Niederländi-
sche Grenzfrage' gibt? Es geht um den ungeklärten Grenzverlauf zwischen den Niederlanden und Deutschland in
der Emsmündung zwischen Emden und Delfzijl. Der Streit
ist uralt, er reicht zurück ins 15. Jahrhundert und hat laut
Wikipedia mit Territorialansprüchen der Cirksena, eines
ostfriesischen Adelsgeschlechts, zu tun. Die offene Grenzfrage mag heute ein wenig kurios wirken, aber sie ist bis in
die Gegenwart noch Gegenstand binationaler Verträge (so
des ‚Ems-Dollart-Vertrags' vom 8. April 1960 und zuletzt
eines Staatsvertrags aus dem Jahr 2016). In diesen Verträgen
werden praktische Sachen geregelt und die beiden Länder
einigen sich ansonsten darauf, dass sie sich über den Verlauf
dieser Grenze immer noch nicht einig sind.

Cupido, der Holländer

Dieser ungeklärte Grenzverlauf spielt eine nicht unwesentliche Rolle im 2022 erschienenen Roman *Der Holländer* von
Mathijs Deen. Auf einer Sandbank in dem genannten Grenz-
gebiet in der Emsmündung wird ein toter Wattwanderer
gefunden, was zu einem Zuständigkeitsgerangel zwischen

den deutschen und den niederländischen Behörden führt. Von deutscher Seite wird „der Holländer" als Ermittler eingeschaltet. Der Holländer ist allerdings eigentlich Deutscher. Liewe Cupido, so sein auffälliger friesischer Name, hat eine deutsche Mutter und einen niederländischen Vater, er ist auf Texel aufgewachsen und spricht beide Sprachen. Er ist Hauptkommissar bei der Bundespolizei (Inspektion See in Cuxhaven) und – so findet sein Vorgesetzter – bestens geeignet, sich um den Fall des toten Wattwanderers zu kümmern. Cupido ist kein echter Teamplayer, er gilt als etwas eigenbrötlerisch und eher wortkarg, und das wird der niederländischen Kollegin Geeske Dobbenga auch vorsichtshalber vorab mitgeteilt: „sehr gesprächig ist er nicht".

Der Tote, Klaus Smyrna, gehörte zu einem Dreierteam von Extrem-Wattwanderern. Seine Wanderkameraden sind Peter Lattewitz und Aron Reinhard. Die drei haben zusammen schon alle Routen durch das Watt gemeistert, bis auf eine: die als besonders schwierig geltende Wattquerung nach Borkum, dem „Mount Everest des Wattwanderns". Und genau die haben sie sich aufgrund der günstigen Verhältnisse jetzt vorgenommen. Im letzten Moment ist Aron Reinhard allerdings abgesprungen, sodass Smyrna und Lattewitz sich zu zweit auf den Weg machen. Sie geraten in Probleme, schaffen die Querung nicht, und nur Lattewitz gelingt die Rückkehr an Land.

Das ist die Ausgangssituation, die Cupido vorfindet, als er die Ermittlungen aufnimmt. Er stößt dann aber schon bald auf Ungereimtheiten und der vermeintliche Unfall wird zu einem Mordfall, der sich vor den Augen der Leser und Leserinnen langsam entwickelt. Das zurückgenommene Tempo scheint ein Merkmal der Cupido-Romane Deens zu sein. Er erzählt sie auf eine sehr angenehme Weise langsam und bedächtig, mit viel Auge für die Details der Landschaft und der Menschen und mit großer Sympathie für den nicht ganz einfachen Charakter der Hauptfigur.

Cupido ist ein Mensch, der offensichtlich schwer an seiner Vergangenheit trägt. Immer wieder drängt sich diese Vergangenheit in Form von Erinnerungen in den Vordergrund. Dabei spielt insbesondere der Vater eine wichtige Rolle, Jan Cupido, ein Fischer, der unter ungeklärten Umständen ertrunken ist. Nicht nur für den Mordfall, auch für seine persönliche Geschichte ist die Macht des Meeres also sehr bedeutsam.

Das Wattenmeer bildet das Dekor für die Cupido-Geschichten, aber es ist ein Dekor, in dem der Mensch klein ist und die Natur groß, wie Deen es im Gespräch mit Katharina Borchardt im niederländisch-flämischen Bücherpodcast *Kopje Koffie* formuliert. Das Dekor wird zu einem wichtigen Bestandteil, zu einem Mitspieler. Und in diesem Dekor entwickelt Deen seinen einzigartigen Sound, mit dem er die Landschaft und die Menschen so sympathisch und empathisch in Szene setzt.

Der tote Taucher

Nahm der erste Band seinen Anfang auf einer Sandbank vor Borkum, so spielt die Amrum-Bank eine wichtige Rolle in *Der Taucher*, dem zweiten Band der Cupido-Reihe. Denn hier findet das niederländische Bergungsschiff „Freya" zufällig ein seit 1950 verschollenes Wrack auf dem Meeresgrund, das Wrack der „Hanne". Der Besatzung des Bergungsschiffs ist gleich klar, dass sie einen besonderen Fund gemacht haben: Die „Hanne" hatte Kupferplatten im Wert von einer Million Euro an Bord. Doch noch bevor sie überhaupt ernsthaft eine Bergung dieses Schatzes in Betracht ziehen können, machen sie einen weiteren Fund: eine Leiche. Mit Hilfe einer zu Wasser gelassenen Kamera sehen sie einen toten Taucher, der mit Handschellen an das Wrack der „Hanne" gefesselt ist.

Nach kurzer Rücksprache mit der niederländischen Polizei zur Klärung der Zuständigkeiten, wendet der Kapitän der „Freya" sich an die deutsche Bundespolizei. Als von deutscher Seite entschieden wird, Liewe Cupido einzuschalten, zeigt sich, dass die „Freya" früher dessen Vater, dem Fischer Jan Cupido gehörte. Nachdem dieser ertrunken war, wurde der Fischkutter von den jetzigen Eigentümern gekauft und zu einem Bergungsschiff umgebaut.

So wird Cupido gleich zu Beginn seiner Ermittlungen in diesem zweiten Fall wieder mit seiner Vergangenheit konfrontiert. Er erzählt dem Kapitän der „Freya", dass sein Vater beim Netzeinholen über Bord gefallen sei. „Zusammen mit einem Matrosen. Der Matrose konnte sich am Netz festklammern und wieder an Bord klettern. Er ja." Weitere Nachfragen blockt Cupido ab, und so birgt das Schicksal des Vaters auch weiterhin viele Geheimnisse.

Cupido taucht selbst herunter zu dem Wrack, wo er entdeckt, dass in Sichtweite des angeketteten Tauchers die Schlüssel zu den Handschellen hängen. Offenbar ist er im Angesicht der Schlüssel erstickt oder ertrunken. Diese grausamen Todesumstände deuten für Cupido darauf hin, dass es hier nicht nur um den Schatz ging, hier ging es um etwas Persönliches. Ein Racheakt vielleicht? Jan Matz, so hieß der Tote, war als Schatztaucher schließlich kein unbeschriebenes Blatt. Und sein Sohn Johnny hat einen Klassenkameraden dermaßen verprügelt, dass dieser schwere bleibende Schäden davongetragen hat. Liegt hier vielleicht der Schlüssel zur Lösung des Falls?

Wieder ermittelt Cupido also in einem Mordfall, diesmal ständig begleitet von Vos (niederländisch für Fuchs), einer Hündin, die ihm im ersten Band zugelaufen ist und die er jetzt überall hin mitnimmt. Ihr verdankt Cupido übrigens auch die Bekanntschaft mit Miriam, die – so ist zu vermuten – im von Deen bereits angekündigten dritten Band bestimmt noch eine Rolle spielen wird.

Väter, Söhne, Landschaften

Neben den zu lösenden Mordfällen gibt es also auch Erzählstränge, die die einzelnen Geschichten um Liewe Cupido bandübergreifend zusammenhalten. Der wichtigste ist wohl zweifelsohne die Konfrontation mit der Vergangenheit und mit dem Tod des Vaters. Orte, Sachen, Erinnerungen, die plötzlich auftauchen, und deren Schilderung deutlich macht, dass die Beziehung zum Vater noch längst nicht aufgearbeitet ist.

Deens Romanwelt ist bislang weitgehend von Männern dominiert. Cupidos Auseinandersetzung mit seinem Vater trifft in *Der Taucher* auf andere komplizierte Vater-Sohn-Verhältnisse. Da ist zum Beispiel Johnny, der gewalttätige Sohn des toten Tauchers Jan Matz. Oder der Vater von Hauke, dem Jungen, den Johnny zusammengeschlagen hat, der auf Wiedergutmachung aus ist. All diese Charaktere werden von Deen mit viel Einfühlungsvermögen gezeichnet. Wie Cupido selbst sind es Menschen, die mit all ihren Fehlern und Unvollkommenheiten doch durchaus sympathisch wirken.

In einem wohltuend unaufgeregten und bedächtigen Stil gelingt es Mathijs Deen mit genauen Beobachtungen und auch mit Humor, seinem Lesepublikum diese Menschen und die Wattlandschaft nahe zu bringen. Und Andreas Ecke, Deens Übersetzer, schafft es hervorragend, diesen Stil und die Atmosphäre der Romane ins Deutsche zu übertragen.

Die beiden Geschichten um den Ermittler Liewe Cupido sind sicher keine Thriller im engeren Sinne (obwohl sie vom niederländischen Verlag als „Waddenthriller" angepriesen werden), es sind auch keine herkömmlichen Krimis, bei denen es vor allem um die Aufklärung des Verbrechens geht. Im oben schon genannten Podcast sagt Deen, dass die Morde ihm eigentlich egal sind. In einer Besprechung des ersten Cupido-Romans hat Thomas Wörtche im Deutschlandfunk Kultur die „detailfreudige Genre-Malerei der Wattbilder" von Deen gelobt. Er fand, dass *Der Holländer* „eher ein Heimatroman mit Mord als ein waschechter Kriminalroman" sei. Das ist durchaus positiv gemeint und trifft es ganz gut. Obwohl die Romane Krimi-Elemente besitzen und dementsprechend spannend sind, geht es in Deens Cupido-Geschichten nicht in erster Linie um das „who done it?"; es geht eher um die Landschaft und die Stimmung, um das Meer und das Watt und um den besonderen Menschenschlag da oben im Norden. Das macht die beiden Romane zur wunderbar grenzüberschreitenden Lektüre für alle, die diese Landschaft und die dort lebenden Menschen mögen.

Mathijs Deen: *Der Holländer*. Aus dem Niederländischen von Andreas Ecke. Hamburg: Mare Verlag, 2022. ISBN: 978-3-86648-674-4.

Mathijs Deen: *Der Taucher*. Aus dem Niederländischen von Andreas Ecke. Hamburg: Mare Verlag, 2023. ISBN: 978-3-86648-701-7.

Miek Zwamborn

„Hundert Hände winken in den Wellen"

Miek Zwamborn: *Algen: ein Portrait*
Aus dem Niederländischen von Bettina Bach

Beatrix van Dam

„Als Erstes sah ich alles von unten, / da war ich Alge." zitiert Miek Zwamborn Monika Rinck zu Beginn ihres Buches *Algen: ein Portrait* (2019; ndl.: *Wieren*, 2018). Damit ist die Schreibperspektive bestimmt: Es handelt sich um einen Unterwassertext. Denn wie könnte man über Unterwasserpflanzen schreiben, ohne abzutauchen in ihre Welt? „Für Künstler ist die Darstellung von Wasser ein schwieriges Unterfangen." heißt es in der Bildunterschrift zu einer der zahlreichen Abbildungen im Text. Dies gilt nicht nur für die Abbildung, sondern auch für die Beschreibung von Wasser. Im „Skizzieren unter Wasser" bringt Zwamborn einen Schreibstil hervor, der dem Anderen der Unterwasserwelt gerecht wird, weil er die Grenzen zwischen Wissenschaft und Literatur verschwimmen lässt. In ihrer Art, über Natur zu schreiben, ist sie eine der interessantesten niederländischen Autorinnen und Autoren der Gegenwart.

Von Beginn an spielt im Werk dieser bildenden Künstlerin und Autorin die Natur eine zentrale Rolle, was ihr Schaffen in Zeiten verschärften Bewusstseins für das Verhältnis von Mensch und Natur im Zeichen des Klimawandels besonders relevant macht. Ihr erster Text *Oploper* (2000; dt.: ‚Eisbrecher') spielt sich auf einer Bohrinsel ab, die wie ein riesiges Kamerastativ den Blick für endlose Wassermassen weitet.

In *Vallend hout* (2004; dt.: ‚Fallendes Holz') wird Garten-
bau als Kultivierungsversuch zu einem dramatischen Kampf
zwischen Mensch und Natur. Der ins Deutsche übersetzte
Roman *De Duimsprong* (2013; dt.: *Wir sehen uns am Ende
der Welt,* 2015) richtet den Blick auf die Berge und verfolgt
menschliche Versuche, dieses Naturphänomen (etwa durch
Kartografie) zu erfassen. Immer spielen das Verhältnis von
Mensch und Natur, die Grenze zwischen Kultur und Natur
eine tragende Rolle und ziehen sich bis hinein in das Leben
von Zwamborn, die seit 2017 das Projekt der ‚Knockvologan
Studies' als „abgelegenen Zufluchtsort für Kunst, Literatur,
Wissenschaft und Naturschutz" auf der Insel Isle of Mull in
Schottland betreut. Jüngst erschien hierzu ihre literarische
Naturkunde *Onderling* (2023; dt.: ‚Untereinander').

Algen: ein Portrait scheint wie geschrieben für die Naturkunden-Reihe des Matthes & Seitz-Verlags, der keine „bloße
Wissenschaft", sondern eine „leidenschaftliche Erforschung
der Welt" betreiben will: Der in dieser Reihe beabsichtigte
„Blick auf eine Natur, die uns selbst mit einschließt" entspricht dem Kern von Zwamborns Schreiben, das den Menschen immer wieder ins Verhältnis zur Natur setzt. Die Annäherung an die Natur geschieht beim Doppeltalent Zwamborn
meistens über Bild und Text und ist gut aufgehoben in den
aufwändig bebilderten Ausgaben der Naturkunden-Reihe,
welche die Abbildungen sogar noch farbiger und hochwer-
tiger als im niederländischen Original zur Geltung bringt.

Schreiben unter Wasser

Der Titel *Algen: Ein Porträt* formuliert die Herausforderung, die das Verfassen dieses Buches darstellt: Wie den
ständig neue Formen annehmenden Algen ein Gesicht

geben, ohne sie zu sehr zu vermenschlichen? Denn der Text will die Wasserpflanze nicht nur trocken beschreiben im Sinne einer wissenschaftlichen Abhandlung, sondern ihrer Dynamik, ihrem Unterwasserdasein auf die Spur kommen, die bis in die Welt der Menschen reicht, welche sich immer schon von diesem Wassergewächs, dem „Blick von unten", inspirieren ließen. An dieser „heute so modernen Schnittstelle zwischen Kunst und Wissenschaft" schafft die Poetik literarischen Schreibens einen Zwischenraum, in dem nicht nur Algen menschliche Züge erhalten können, sondern Menschen zu Wasserpflanzen werden wie im zitierten Gedicht des niederländisch-indonesischen Dichters G. J. Resink: „Bis zur Hüfte in den Wogen steht er, / halb Mensch nur und halb Koralle / [...] lässt [sich] treiben von Tang und Seegang". Die aufgeweichte Grenze zwischen Kultur und Natur macht die Zuordnung des Menschen schwer. *Algen: Ein Porträt* verfährt konsequent doppelspurig zwischen Kultur und Natur und provoziert dabei Verschlingungen und Verwicklungen zwischen den beiden Domänen, die den zahlreich dargestellten Algen entsprechen, deren sich verheddernde Stränge als „innige Umarmungen" beschrieben werden. Bei dem Text handelt es sich um eine Kulturgeschichte der Algen, die Algen sowohl als Element der Natur wie auch als Element der Kultur erfasst.

Auch auf Ebene der Darstellung bestimmen fließende Grenzen das Buch. Im Übergang von Zeichnen zu Aufzeichnen bewegt sich Zwamborn mühelos zwischen bildlichem und schriftlichem Medium. Bettina Bach überträgt Zwamborns schnörkellose, treffende und poetisch langsame Sprache zielsicher ins Deutsche. Das Buch ist eine Collage aus Text und Bild, ein Hybrid aus literarischem und wissenschaftlichem Schreiben, das keine Grenzen kennt. Naturwissenschaftliche Beschreibungen und Abbildungen stehen neben Gedichten,

Gemälden – und Kochrezepten. Sich treiben zu lassen von Tang und Seegang bedeutet auf Textebene auch, einem assoziativen Stil Raum zu geben, der charakteristisch ist für Zwamborn und in dem sie sich in *Wir sehen uns am Ende der Welt* W.G. Sebald annähert. Abseitiges (Gibt es ein Wort für Algen im Rätoromanischen?) erhält genauso Aufmerksamkeit wie Klassiker (die berühmten Algen-Collagen von Matisse). Das Buch ist eher eine Sammlung als eine systematische Studie, und spiegelt sich dabei in den Gemälden über Seetangsammlerinnen und Tangpflückerinnen von James Clark Hook und Paul Gaugin. Es ist der größte Kunstgriff dieses Textes, dass er sich selbst durch dieses ungeordnete, zentrumlose Nebeneinander seinem Beschreibungsobjekt, den Algen, annähert: In seinen fließenden Übergängen hat das Buch die rhizomatische Struktur von Wasserpflanzen, die sich einer deutlichen Einteilung in hinten und vorne, oben und unten entzieht. Der Text selbst wuchert.

In dieser wild wachsenden Enzyklopädie hat auch das Persönliche Platz, das in Form von erzählerischen, anekdotischen Elementen Einzug in den Text hält. Der erste Kontakt mit dem Seegewächs hat als Beginn einer seltsamen Liebesgeschichte etwas beinahe Erotisches, wenn Zwamborn in einer trockengefallenen Bucht auf eine riesige Alge stößt: „Ich kniete mich hin und strich über die Triebe." Hier geht es nicht um wissenschaftliche Beschreibung und Systematisierung, sondern um persönliches Erleben. Der Text will Algen in ihrer Vielgestaltigkeit auch und vor allem sinnlich vermitteln, wie schon die auf die menschlichen Sinne bezogenen, poetischen Kapitelüberschriften wie „Algenlust", „Duftwasser" oder „Trüffel des Meeres" verdeutlichen. Ausführlich zitiert Zwamborn ein Algengeschmackserlebnis aus Yann Mantels Roman *Schiffbruch mit Tiger* über eine abenteuerliche Floßfahrt mit Zwischenstopp auf einer Algeninsel, bevor sie selbst in einer Reihe von Rezepten den Verzehr von Algen empfiehlt. Auch Normativität und Deskriptivität verschlingen sich hier, stellt die Entdeckung der Algen doch auch ein Versprechen im Sinne einer ökologischen Wende zu mehr Nachhaltigkeit, etwa in der Ernährung, dar.

Bühne der Meereskreaturen

Die Beschreibung der Algen erfordert zudem, die historische Dimension in den vielschichtigen Text aufzunehmen, denn bei genauerer Betrachtung zieht sich das Meeresgewächs auch durch die Menschheitsgeschichte, wurde zum Seemonster, das noch Christopher Kolumbus beeindruckte. Wann und wie waren Menschen von Algen fasziniert? Zwamborn ist nicht allein in ihrer Begeisterung für Algen, sondern kann überall andocken. Sie bietet menschlichen Annäherungsversuchen auf ihrer „Bühne der Meereskreaturen" ein Podium. Da tanzt die Stummfilmdiva Ruth Roland in ihrem Seegrasrock über die Planken. Dieses „salzige Outfit" erforderte lediglich ein kurzes Ab- und Wiederauftauchen in die Seewelt. Atemberaubend ist die Abbildung der schwindelerregenden Pirouetten von Tänzerin Loïe Fuller, die als Meersalat auftrat. Ebenso saugt einen die Abbildung von Algenprints auf, in denen Algen zur Vorlage für Stoffentwürfe werden. Hier zeigt sich, wie Algen die menschliche Vorstellungskraft durch ihre abstrakte Form inspirierten. Von da aus ist es nur noch ein kleiner Schritt zu Henri Matisses Algenformationen.

Nach diesen Verflechtungen von Kunst und Alge überrascht nur noch wenig, dass es eine ganze Gattung der Seegraslyrik gibt, welche sich selbstverständlich nur in der Überschreitung von Grenzen, dieses Mal verschiedener Kulturräume, bestimmen lässt. Schon Alexander von Humboldt wurde bei der Beschreibung von Algen poetisch, wenn er sie als „diese ewig grünenden, von lauen Lüften hin und her bewegten Massen" bezeichnet. So richtig zur Geltung kommt die Seegraslyrik jedoch in Japan, wo Algen schon lange nicht nur Stillleben inspirierten. Japanische Gedichte über Seetang entstanden schon im 7. Jahrhundert: „Am Meer von Iwami, / wo Efeu die Felsen umrankt, / [...] umschlingt die Riffe / Tang in den Tiefen der See, / grünt an steinigem Strand / Seegras in üppiger Pracht." Im europäischen Bereich tritt etwa Irland hervor in der Seegraslyrik. Auch den englischen Dichter D. H. Lawrence inspirieren die Algen: „Seetang wogt und wogt und wirbelt / als wäre das Wogen seine Form von Stille".

Von zentraler Bedeutung für Zwamborns Algenprojekt ist die Amerikanerin Eliza M. French (1809–1889). Sie überschritt mit ihren Algenalben die Grenze zwischen Wissenschaft und Kunst und kann Zwamborn dadurch als Argument dafür dienen, dass Gestaltungsfragen auch in wissenschaftlichen Darstellungen bestimmend sind. French ordnete die getrockneten Algen in ihren Alben nach persönlichem Prinzip an. Hier treten Natur und Mensch in ein besonderes Verhältnis, die Algen tragen Frenchs persönliche Handschrift, ähnlich wie umgekehrt verschlungene Algen am Strand für Zwamborn zu einer Schönschrift werden. Die wissenschaftliche Abhandlung wird zum Liebesbeweis und überdeutlich haben die wissenschaftlichen Abbildungen ästhetische Züge.

Wie Zwamborn überschreitet French nicht nur die Grenze von Wissenschaft und Kunst, sondern auch die von bildlichem zu schriftlichem Medium. In einem einzigartigen, von Zwamborn abgedruckten Gedicht schreibt French „von unten", versetzt sich in ihr Forschungsobjekt der Algen, die lyrisch zu sprechen beginnen: „Blumen sind wir / Von der

wilden See [...] Zwischen den Wellen geboren [...] Weit unten
in der Tiefe / Wo die jungen Perlen wachsen / Wedeln unsere
Girlanden". „Knittrige Herzen" schreibt French den Algen zu,
doch in der typischen Bewegung des Buches werden Algen
nicht nur auf Menschen bezogen, sondern auch umgekehrt:
Menschen lernen von den Meeresblumen. So gilt für alle
Leserinnen und Leser, die sich auf ein Porträt von Algen ein-
lassen, um sich in ein neues Verhältnis zur Natur versetzen
zu lassen, Frenchs Credo: „Wer es liebt zu schweifen / Im
grünen Wäldchen [der Algen] / Komme, der Natur zuliebe /
Und labe sich / An der spritzenden Welle / Und lerne draus".
Zwamborns Algenkunstwerk weist den Weg.

Miek Zwamborn: *Algen: Ein Portrait.* Naturkunden 51. Aus dem
Niederländischen von Bettina Bach. Berlin: Matthes & Seitz, 2019.
ISBN: 978-3-95757-696-5.

Lieke Marsman

„Bin eine Gurke, bin eine Gurke"

Lieke Marsman: *Das Gegenteil eines Menschen*
Aus dem Niederländischen von Christiane Burkhardt
und Stefanie Ochel

Ilona Riek

Der globale Klimawandel ist eine der größten, wenn nicht die größte Herausforderung unserer Zeit. Die Klimakrise ist allgegenwärtig in den Medien, doch auf welche Weise findet die literarische Verarbeitung statt und über welche Darstellungsformen verfügt die Klimafiktion? Lieke Marsman antwortet darauf in *Das Gegenteil eines Menschen* mit einem genreübergreifenden Formexperiment, das zugleich ein Abbild der Fragmentierung und Orientierungslosigkeit des Individuums in der modernen Welt ist.

Die 1990 im südniederländischen 's-Hertogenbosch geborene und in Zaltbommel aufgewachsene Autorin zählt zu den Millenials unter den niederländischen Literaturschaffenden. Sie begann bereits im Alter von 14 Jahren mit dem Schreiben von Gedichten und gewann drei Jahre später anlässlich des Lyrikwettbewerbs ‚Doe Maar Dicht Maar' (dt. sinngemäß: ‚Mach Mal Dichte Mal') ihren ersten Poesiepreis. Nach dem Abitur zog Marsman nach Amsterdam, um dort Philosophie zu studieren. Überdies engagierte sie sich einige Zeit für die niederländische Partei ‚GrünLinks', was sich beides auf unterschiedliche Weise in ihrem Œuvre niederschlägt. Im Jahr 2018 erkrankte die Autorin an Knochenkrebs, in dessen Folge ihr einige Jahre später der rechte Arm und auch die Schulter amputiert werden mussten. Das Thema der Krankheit spiegelt sich ebenfalls wider in ihrem Werk; es spielt jedoch im vorliegenden Roman noch keine herausragende Rolle.

Der 2017 im niederländischen Original als *Het tegeno-vergestelde van een mens* erschienene Roman, der seit 2022 in der deutschen Übersetzung von Christiane Burkhardt und Stefanie Ochel bei Klett-Cotta vorliegt, ist der bislang einzige Roman der in den Niederlanden mehrfach preisge-krönten Lyrikerin, der von 2021 bis 2023 zudem die besondere Auszeichnung ,Dichter des Vaderlands' zuteilwurde, was in etwa dem Titel des ,Poet Laureate' in den angelsächsischen Ländern entspricht. Er ist darüber hinaus auch die bisher ein-zige Publikation der Autorin, die in deutscher Übersetzung verfügbar ist (Stand 09/2023).

Handlung und handelnde Figuren

Die primäre Handlung von *Das Gegenteil eines Menschen* und die Figuren des Romans sind überschaubar: Die 29-jährige Protagonistin Ida, wohnhaft in Amsterdam und in einer gleichgeschlechtlichen Beziehung lebend mit Robin, Doktorandin der Romanistik, hat gerade ihr Studium der Geowissenschaften beendet. Als arbeitslose für die Klima-problematik sensibilisierte Akademikerin tritt sie ein drei-monatiges Praktikum bei einem Institut in Norditalien an, das den Klimawandel in den Alpen erforscht. Dort soll im Rahmen eines Projektes ein einsturzgefährdeter Staudamm abgerissen werden, der hohe Unterhaltskosten, aber wenig Energie produziert. In Italien erhält Ida Besuch von Robin, die ihr bei einem gemeinsamen Kanuausflug gesteht, sich in eine andere Frau verliebt zu haben. Den Kulminationspunkt der Handlung bildet der plötzliche Bruch des Staudamms, dessen Wassermassen das umliegende Gelände überfluten und alles mit sich reißen.

Während Ida einen starken Hang zur Selbstbespiegelung und zu Selbstzweifeln aufweist, der mit depressiven Störungen und einem Gefühl der Apathie einhergeht, treten sowohl ihre Partnerin Robin als auch Idas Eltern, pensionierte Hippies, die aktiv an den Studierendenprotesten der Sechzigerjahre beteiligt waren, als tendenziell eher dynamische Gegenfiguren auf. Über ihre Partnerin bemerkt die Protagonistin: „Ich bewundere, wie Robin mit ihren Ambitionen hausieren geht: als wäre es bereits beschlossene Sache, dass sie in ungefähr vier Jahren zu den führenden Wissenschaftlerinnen ihres Fachs gehört. Und dann hockt sie auch noch in diversen Ausschüssen und Aktionskomitees".

Bei Ida hingegen ruft die Komplexität der Bedrohung durch den Klimawandel eine Form der Überforderung hervor, die teilweise zum Verlust der Handlungsfähigkeit führt. Hier erweist sich das Problem als zu groß für das Individuum, das zeitgleich die Aufgaben und Probleme des Alltags zu meistern hat. Ihre teils apathische Haltung betrachtet Ida als Reaktion darauf, wie die Generation ihrer Eltern der Nachfolgegeneration die Welt hinterlassen hat und den ihr eigenen Zynismus als einen Ausdruck der Niedergeschlagenheit. Aufgewachsen in einem Umfeld ohne festgelegte Weltanschauung oder religiöse Rückbindung, konstatiert sie für sich obendrein ein Gefühl der ideologischen Leere sowie das Fehlen einer „Muttersprache" in Bezug auf den Sinn des Lebens: „Seitdem ist jede Ideologie, die mir unterkommt, ein bisschen so wie das Wetter: heute ziemlich entscheidend für meine Aktivitäten..., morgen egal."

Klimawandel als literarisches Thema im breiteren Kontext

„In der Vergangenheit war das Wetter ein Grund, zu Hause zu bleiben. Heute ist es ein Grund, auf die Straße zu gehen," stellt Ida lakonisch fest. Wenngleich die menschengemachte Klimakrise als eine der zentralen Thematiken zu benennen ist, handelt es sich bei dem Roman dennoch nicht um eine klassische Dystopie, die ein düsteres Zukunftsszenario entwirft, sondern vielmehr um ein Abbild individueller und gesellschaftlicher Verstrickungen der Jetztzeit. Der Roman wirft eine Vielzahl von Fragen auf, so etwa die Frage nach Schuld und Verantwortung, die individuell für sich zu beantworten Aufgabe des Lesepublikums ist. Der Text liefert hierfür Kontext und Informationen, jedoch keine allgemeingültigen Lösungen oder Handlungsempfehlungen.

Eine der offenen Fragen, die die Protagonistin umtreibt, klingt bereits im Romantitel an, nämlich die nach dem Gegenteil eines Menschen, die letztlich auch eine Auseinandersetzung mit der Dialektik von Gut und Böse ist. Sie geht zurück auf eine eindrückliche Erfahrung aus Idas Kindertagen in den 1990er Jahren während des Jugoslawienkrieges. Angesichts der von den Kriegsschauplätzen berichteten Gräueltaten lässt ihre Mutter sich entfallen, dass der Mensch durch und durch schlecht sei. „Wenn der Mensch schlecht war und ich gut sein wollte, musste ich irgendwie zusehen, dass ich das Gegenteil eines Menschen war", schlussfolgert Ida daraus. Doch wie genau dieses Ziel zu erreichen und wie der Gegenpol zum Menschen zu definieren ist, bleibt ungeklärt: Könnte es beispielsweise ein Ding sein, das zwar wächst, aber nicht fühlt, etwa eine Gurke – das Lieblingsgemüse der achtjährigen Ida? „Bin eine Gurke, bin eine Gurke, bin eine Gurke", so lautet zumindest für eine Zeitlang Idas kindliches Mantra vor dem Einschlafen.

Hier treffen die Gegensatzpaare Subjekt und Objekt beziehungsweise Mensch und Natur aufeinander und auch insgesamt betrachtet sind (vermeintliche) Gegenpole und Polaritäten dominierende Motive des Romans, so etwa das Verhältnis von Mensch und Tier, Mensch und Umwelt, Mensch und Gott, Natur und Kultur, Individuum und Gesellschaft, Individuum und kapitalistischem System. Aspekte wie das Persönliche und das Politische, das Ich und das Nicht-Ich, Hoffnung und Angst fließen ebenfalls in den Erzählraum ein. Auf diese Weise wird einer vielschichtigen Thematik antithetisch Rechnung getragen und Widersprüchliches vereint. Man denke in diesem Zusammenhang etwa an die Rolle des Menschen, der sich außerhalb der Natur positioniert, aber zugleich auch Teil von ihr ist oder an die Frage, inwieweit sich die vom Menschen manipulierte Natur überhaupt noch als Natur bezeichnen lässt. Diese Form der Antithetik findet sich nicht nur in den Prosateilen, sondern auch in der Lyrik, so etwa in dem Gedicht „Ich hasse den Sturm, ich liebe den Sturm".

Die Romanform als Begrenzung und Herausforderung

In die obige Reihung von Gegensatzpaaren lassen sich des Weiteren Fiktion und Non-Fiktion sowie das Gesagte und das Nicht-Gesagte aufnehmen, was uns zur Form des Romans bringt oder vielleicht besser gesagt: zur Dekonstruktion der Romanform, denn in *Das Gegenteil eines Menschen* reflektiert die Form die Unmöglichkeit eines kohärenten Narrativs, das der thematischen Komplexität gerecht wird. Es wird stattdessen die Montage als Mittel der Darstellung gewählt, wobei es der Leserschaft obliegt, eine wie auch immer geartete Kohärenz herzustellen.

Der 185 Seiten starke Roman umfasst zwei aufeinanderfolgende Erzählstränge mit je 29 beziehungsweise 24 durchnummerierten Kapiteln, die aneinander anschließen und die eigentliche Romanhandlung wiedergeben. Der Wendepunkt zwischen den beiden genannten Textabschnitten befindet sich in der Mitte des Romans. Er wird eingeleitet mit dem Zwischentitel „The Great Outdoors" und kündigt Idas Aufenthalt in Italien mit dem Zitat „Into the wilderness, away from the loneliness" aus einem Musikstück der finnischen Indie-Pop-Band *Burning Hearts* an.

Die beiden Haupterzählstränge werden eingerahmt und unterbrochen von einem kompositorischen Mix aus Fiktion und Non-Fiktion mit sowohl selbst verfassten als auch zitierten oder paraphrasierten Versatzstücken aus Essays, philosophischen und gesellschaftskritischen Sachtexten, Lyrik und Aphorismen. Es kommen literarische, philosophische und musikalische Größen wie Descartes, Handke, Kant, Kierkegaard, Leopardi oder Joni Mitchell zu Wort sowie, allen voran, Naomi Klein, deren Publikation *Die Entscheidung. Kapitalismus vs. Klima* an vielen Stellen durchklingt. Den Abschluss des Textes bildet eine dreiseitige Bibliografie mit weiterführender Literatur. Diese Art der Komposition führt zu einer Vermischung von Subjektivität und Objektivität, wobei unter anderem die Grenzen zwischen Autorin und Hauptfigur wie auch zwischen Protagonistin und lyrischem Ich verschwimmen.

Mit diesem hybriden Ansatz hat sich Marsman für eine andere Form der erzählerischen Ausgestaltung von Klimafiktion entschieden als beispielsweise ihr Landesgenosse Adriaan van Dis. Dieser hat im Jahr 2021 mit *KliFi. Woede in de republiek Nederland* (dt.: ‚KliFi. Wut in der Republik der Niederlande') einen in den Niederlanden ebenfalls sehr beachteten, jedoch bislang noch nicht ins Deutsche übertragenen Klimaroman verfasst, welcher allerdings stärker auf eine Kontinuität der Narration setzt. Aus verschiedenen Interviews geht hervor, dass Marsman etwa zwei Jahre mit der Fertigstellung des Romanexperiments beschäftigt war und im Prozess des Schreibens sehr viele bereits verfasste Prosastücke verworfen hat, weil sie feststellen musste, dass bestimmte Inhalte in einer Dialogform nicht adäquat dargestellt werden konnten, sondern dass dafür eine essayistische Herangehensweise erforderlich war. Auch hat sie nach eigener Aussage im Zuge der Überarbeitung mehrere Verbindungsstücke zwischen den einzelnen Textfragmenten gelöscht und stattdessen Weißraum eingefügt, wodurch sie den Roman letztlich eher als ein „großes Gedicht" betrachtet. Der typografische Weißraum steht hier somit in gewisser Weise sinnbildlich für die auch im Buchcover-Design der deutschen Ausgabe ins Auge springende Thematik der Fragmentierung und Diskontinuität, die zugleich Leer- und Freiraum ist.

Kurzum: *Das Gegenteil eines Menschen* ist ein Buch, das an jeder Stelle über sich selbst hinausverweist und nicht nur als eine Aufforderung zur Auseinandersetzung mit dem Klimawandel, sondern auch mit der Position des Individuums in einer sich stetig verändernden Gesellschaft verstanden werden kann. Es bietet bis zur letzten Seite Stoff zum Nach- und Weiterdenken.

Lieke Marsman: *Das Gegenteil eines Menschen*. Aus dem Niederländischen von Christiane Burkhardt und Stefanie Ochel. Stuttgart: Klett-Cotta, 2022. ISBN: 978-3-608-96591-0.

Mariken Heitman

„Ich fürchte den freundlichen Mann"

Mariken Heitman: *Wilde Erbsen*
Aus dem Niederländischen von Christiane Burkhardt

Jan Oosterholt

Vor etwas mehr als einem Jahrhundert starb Louis Couperus, neben Multatuli der vielleicht berühmteste niederländischsprachige Autor der Literaturgeschichte. In Couperus' umfangreichem Werk spielt der Geschlechterdiskurs eine große Rolle. In seinen Romanen wimmelt es von mehr oder weniger androgynen Figuren, weiblichen Männern und – weniger – männlichen Frauen, wobei der historische Roman *De Berg van Licht* (1905; dt: *Heliogabal*, 1916) den Höhepunkt darstellt. In der Welt des ausgehenden 19. und des beginnenden 20. Jahrhunderts passte das Werk von Couperus zu einer damaligen Obsession mit Männlichkeit und Weiblichkeit, wobei paradoxerweise die erste Welle der Frauenbewegung mit der heftigsten Theoretisierung der strengen biologischen Unterscheidung zwischen Mann und Frau zusammenfiel.

Die Geschichte wiederholt sich selten, aber es ist verlockend, ein ähnliches Muster im zeitgenössischen Geschlechterdiskurs zu erkennen: Die Wiederbelebung einer ultrakonservativen Variante der Geschlechtscharaktertheorie fällt mit einem radikalen Diskurs über die kulturelle Determiniertheit von Geschlechtsidentitäten zusammen. Couperus war offensichtlich ein Kind seiner Zeit, aber seine Romane enthalten eine Auswahl von Geschlechterrollen, die zu seiner Zeit denkbar waren, und implizit wird er damit zu einem weniger rigiden Geschlechterdiskurs beigetragen haben. Man fragt sich, ob Romanautoren des 21. Jahrhunderts einen vergleichbar heilsamen, augenöffnenden Einfluss auf die polarisierte Geschlechterdebatte haben, in der man sich gegenseitig abwechselnd des übermäßigen ‚Wokismus‘ oder veralteter (anti-woker) neo-viktorianischer Ansichten bezichtigt.

Das Thema ist in den letzten Jahren in der niederländischen Literatur tatsächlich populär geworden, obwohl sofort auffällt, dass es, anders als vor einem Jahrhundert, hauptsächlich Frauen und Transmänner sind, die das Thema in Form von Erzählungen, Romanen und Essays, ob autobiografisch oder nicht, behandeln. In autobiografischer Form ist Genderfluidität ein Hauptthema in Tobi Lakmakers Debüt *De geschiedenis van mijn seksualiteit* (2021; dt.: *Die Geschichte meiner Sexualität*, 2022) und in Valentijn Hoogenkamps Werk. Das Erzählmotiv ist bereits in *Het aanbidden van Louis Claus* (2021; dt.: *Ich und Louis Claus,* 2023) zu finden, manifestiert sich aber noch expliziter in *Antiboy* (2022), das von Hoogenkamp selbst als „Coming-of-Gender-Geschichte" bezeichnet wird. Auch außerhalb ihrer Romane und Novellen schreiben Lakmaker und Hoogenkamp über Genderfluidität und ihre beiden Übergänge (die Autoren veröffentlichten zunächst als Frauen).

Obwohl weniger explizit ist das Thema der Geschlechtsidentität auch präsent in den inzwischen preisgekrönten Werken von Lucas Rijneveld und Mariken Heitman. Die Romane von Rijneveld – beide ins Deutsche übersetzt: *Was man sät* (2019) und *Mein kleines Prachttier* (2021) – handeln von einer bedrückenden, unsicheren Kindheit, in der die noch junge Protagonistin auch noch über ihre Geschlechtsidentität im Ungewissen verkehrt, was die unzuverlässigen Erzähler übrigens nirgends beim Namen nennen, geschweige denn kommentieren. Diese naive Erzählperspektive fehlt in den Romanen der weitaus philosophischeren Heitman, obwohl sie mit Rijneveld eine fast barocke Sprache und vor allem eine ausgeprägte Vorliebe für Bilder aus der Tier- und Pflanzenwelt teilt.

Heitmans leider (noch?) nicht ins Deutsche übersetzte Debüt *De wateraap* (2019; dt.: ‚Der Wasseraffe') kann im Nachhinein als Fingerübung für das in Umfang und Thematik ambitioniertere *Wormmaan* (2021; dt.: *Wilde Erbsen,* 2024) gelesen werden, ihren zweiten Roman, der den niederländischen Durchbruch bedeutete: 2022 erhielt die Autorin dafür den renommierten Libris-Literaturpreis. Wie bei Rijneveld haben auch Heitmans Romane ein und dieselbe Protagonistin: In Heitman steht die Biologin Elke („Jedefrau" ironischerweise) im Mittelpunkt, in *De wateraap* noch eine Studentin und in *Wormmaan,* etwa sieben Jahre später, eine Saatgutzüchterin. Sowohl in *De wateraap* als auch in *Wormmaan* geht es um Elkes Suche nach einem Ziel im Leben, beruflich, gesellschaftlich und im privaten Bereich. Elke kämpft mit gesellschaftlichen Selbstverständlichkeiten und Erwartungen und spiegelt sich in beiden Romanen in älteren Familienmitgliedern, die als Außenseiter ein zurückgezogenes Leben führen. In beiden Romanen lernt sie auch eine erfahrenere Frau kennen, mit der sie eine Liebesbeziehung eingeht, vor der sie aber letztlich auch zurückweicht. Zu der Geschlechterfrage passt Elkes Faszination für „Zwischenwesen", zu denen auch der Wasseraffe aus dem Titel ihres Debüts gehört: Als Studentin war sie von der Theorie fasziniert, dass ein Vorfahre des Menschen, ein Primat, die Bäume verlassen und eine amphibische Lebensweise am Rande von Feuchtgebieten entwickelt haben könnte. Der Beweis für diese reichlich spekulative Theorie wird für Elke eine Herzensangelegenheit, als ob sie sich mit der Rehabilitierung des Wasseraffen auch einen Platz für sich selbst sichern könnte.

Der eher gradlinige und chronologische Aufbau von *De wateraap* weicht im zweiten Roman einem ehrgeizigeren Aufbau mit zwei sich spiegelnden Handlungssträngen: In der Gegenwart wird die Geschichte einer Biologin erzählt, die von ihrer Arbeit als Züchterin eines verbraucherfreundlichen Kürbisses enttäuscht ist und deshalb einen radikalen Entschluss fasst; Elke kündigt und verfolgt den Plan, eine Ur-Erbse zu rekonstruieren, indem sie ihr eben alle Eigenschaften nimmt, die der Mensch ihr im Laufe der Jahrhunderte hinzugefügt hat. Zu diesem Zweck zieht sie sich auf eine Watteninsel zurück, in das Haus ihres Lieblingsonkels, der vor kurzem gestorben ist. Parallel dazu wird dem Leser eine historische Geschichte präsentiert, und zwar die Lebensgeschichte von Ra, einem Menschen, der sich weder männlich noch weiblich fühlt. Sie/er lebte vor 9.000 Jahren in der Levante, dem Gebiet unmittelbar östlich des Mittelmeers, wo sich eine frühe Form der Landwirtschaft entwickelte. Ra schließt sich nach einer Wanderung durch die Steppe einer solchen frühen Gemeinschaft von Bauern an, um dort wegen angeblicher übernatürlicher Gaben verehrt zu werden. Das Volk gerät aufgrund von Missernten in eine Krise. Ra führt sie auf eine Insel, vermutlich Zypern, wo eine neue Zukunft aufgebaut werden kann.

Auf höchst raffinierte Weise gelingt es Heitman, alle möglichen konkreten und abstrakten Erzählmotive und -perspektiven miteinander zu verbinden: Es fällt offensichtlich nicht schwer, in dem „Mittelmensch" Ra einen Vorfahren von Elke zu entdecken, der von seiner Umgebung als „Zwitterwesen" angestarrt wird. Doch letztlich scheint die Geschlechterfrage nicht das übergreifende Thema zu sein. Ausgeprägte Männlichkeit und Weiblichkeit werden in

Wormmaan als „gemachte" Identitäten, als kulturelle Muster dargestellt, und darin unterscheiden sich die Geschlechterrollen nicht von „durchgewachsenen" Pflanzen. Vor allem scheint *Wormmaan* auch ein Protest gegen die Tendenz des Menschen zu sein, alles in seiner Umgebung zu kultivieren und dabei – vielleicht noch wichtiger – zu vergessen, dass er diese Umgebung weitgehend selbst gemacht hat, um die kulturellen Produkte stattdessen als natürliche Daten oder gar als „göttliche Schöpfung" zu betrachten.

Dennoch verkommt dieser Ideenroman nicht zu einem Tendenzroman. Es ist Elkes etwas ältere Freundin, die als Pfarrerin auf der Insel arbeitet, die sie auf ihre Neigung zur Verabsolutierung des Kreuzzuges gegen das Kultivieren hinweist. Sie relativiert Elkes Religionskritik:

> Sie (...) sagt, dass Gott definitionsgemäß formlos ist beziehungsweise formarm, das klingt netter. Eine ständige Aufforderung, empfänglich für das Unbeweisbare, das Unerklärliche zu bleiben. Aus ihrer Sicht schaffe das Raum. Dazu denke sich der Mensch dann Dogmen aus, an denen er sich festhalten kann, diesbezüglich müsse sie mir recht geben. „Aber bist du da so anders? Bist du nicht auch auf der Suche nach Halt, nach Gesetzmäßigkeiten?"

Elke erkennt, dass ihre Suche nach kultur- und skriptfreien Archetypen zum Scheitern verurteilt ist: Auch „Zwischenmenschen" sind letztlich Produkte von Gesellschaften und in der Isolation zum Verschwinden verurteilt.

Die Tragödie des menschlichen Strebens nach absolutem Wissen wird in einer surrealen, fast faustischen Szene dargestellt, in der Elke im Kriechkeller unter dem Haus ihres Onkels auf eine Gemeinschaft von Würmern stößt. Diese

Würmer suchen im Frühling das Mondlicht (siehe Titel des Romans), glauben aber auf den letzten Seiten des Romans irrtümlich, den Mond gefunden zu haben, während sie in Wirklichkeit über einen Stein gestolpert sind: „Wurmgeschwister! Hier! Wir haben ihn gefunden: unseren Wurm-Mond!"

Gender ist zwar nicht das Hauptthema von *Wormmaan*, aber das ändert nichts daran, dass Heitman dieses Motiv im Vergleich zu ihrem Debütroman aktivistischer ausgearbeitet hat. Bemerkenswert ist, wie Elke hier und da aus der Erzählung auszubrechen scheint und eine fast kämpferische Haltung gegenüber dem imaginären Leser bzw. „dem freundlichen Mann" einnimmt, an den sich ihre Erzählung laut den Würmern eigentlich richtet:

> Es ist der Freundliche Mann, vor dem ich Angst habe. Er schaut, aber kann mich nicht einordnen: Was sieht er da – ein Rätsel, eine Hochstaplerin, jemanden, mit dem was nicht stimmt? Abweichendes führt dazu, dass man an sich zweifelt. Und das ist für niemanden angenehm. Denn abgesehen von uns selbst haben wir rein gar nichts, und das ist schlimm genug.

Wormmaan wendet sich damit an den „rationalen" Mann, der sich im Grunde genauso wie die „unfreundlichen Männer" über die „Gender-Fluidität" ärgert, obwohl das an sich ein Jargon ist, den der Leser bei Heitman nicht finden wird.

Dieses Ärgernis ist es, das Heitman mit Autoren wie Hoogenkamp und Lakmaker gemeinsam hat, obwohl sie sich im Gegensatz zu diesen beiden Kollegen nicht für einen Übergang entscheidet. Auch Lamaker geht es um das Manövrieren zwischen zwei Extremen, und am Ende von *Die Geschichte meiner Sexualität* erzählt die Protagonistin

somit, wie sie – leider vergeblich – versucht hat, dies ihren
Eltern klar zu machen:

> Das wollte ich ihnen erzählen: dass ich so wenig mit
> Sicherheit weiß, dass ich *immer* danebengelegen habe,
> bei den Jungs und bei den Mädchen, und dass ich mich
> jetzt mal bei der Uniklinik anmelden wolle, weil man
> da weniger Mädchen und mehr Junge werden könne.
> So drücke ich das am liebsten aus, versteht ihr? *Mehr*
> Junge. Jungs sind selbst echt Dullis. Einfach nur – ein
> kleines bisschen mehr.

So nuancieren die Romane von Lakmaker, Hoogenkamp,
Rijneveld und vor allem Heitman die aktuelle polarisierte
Geschlechterdebatte, und das unterscheidet sich im Grunde
nicht von dem, was Couperus' Werk um 1900 bewirkte.

Mariken Heitman: *Wilde Erbsen*. Aus dem Niederländischen von
Christiane Burkhardt. Stuttgart: Klett-Cotta, 2024. ISBN 978-3-
608-98733-1.

Tobi Lakmaker

„Wer lange genug *manchmal* hübsch ist, erstickt. Das könnt ihr mir glauben"

Tobi Lakmaker: *Die Geschichte meiner Sexualität*
Aus dem Niederländischen von Christina Brunnenkamp

Lina L. Blank

Schonungslos und direkt schreibt Tobi Lakmaker in *Die Geschichte meiner Sexualität* über die heranwachsende Sofie Lakmaker. Auf 217 Seiten lernen wir ihr Umfeld, ihre Probleme und ihren Schul- und Universitätsalltag in kompakten Episoden kennen. Der Roman ist ein autofiktionaler Text und spielt sich größtenteils in Amsterdam ab. Die Figur Sofie Lakmaker (im Folgenden Sofie oder Lakkie) ist eindeutig als jugendliche Version des Autors Tobi Lakmaker (im Folgenden Tobi oder Lakmaker) zu erkennen. Sofie tritt jedoch in einer Erzählung auf, die offensichtlich als fiktional gekennzeichnet ist. Der Roman kann in dieser Technik ganz in der Tradition niederländischer Literatur gelesen werden. Nicht nur in seiner schonungslosen Direktheit, sondern auch in Bezug auf die vermeintliche Enthüllung privater Details, die im Text stattfindet, erinnert Lakmakers Roman an Gerard Reves *Nader tot U* (1966; dt.: *Näher zu Dir*, 1970), einen mittlerweile kanonisierten Text, in dem die Figur Gerard von seinem bewegten Schriftstelleralltag erzählt oder an Dimitri Verhulsts *Helaasheid der dingen* (2006; dt.: *Die Beschissenheit der Dinge*, 2007), in der wir dem drastischen Leben der Familie Verhulst beiwohnen können. Die Leser*innen erfahren bei Lakmaker pikante Einzelheiten über niederländische Prominente, die teilweise verschlüsselt werden, jedoch mit ein wenig Google-Know-how einfach zu dechiffrieren sind. Ob die niederländische Schauspielerin Georgina Verbaan nun wirklich am liebsten in einer ganz bestimmten Bio-Supermarkt-Kette einkauft und welcher zeitgenössische Schriftsteller sich hinter der Figur Lusche D. versteckt, wer weiß?

Die deutsche Übersetzung des Romans wurde von Christina Brunnenkamp angefertigt und im Jahr 2022 vom Piper Verlag veröffentlicht. Die Übersetzerin hat es geschafft, die sprachliche Nuance und den Ton des Originals zu bewahren, was dazu beiträgt, dass ich mich als Leserin direkt mit der Geschichte verbunden fühlen kann. Die Übersetzung übernimmt den umgangssprachlichen Duktus der Originalausgabe und bleibt dabei ebenso ironisch. Sie ermöglicht es so dem deutschen Lesepublikum, Gedanken und Gefühle einer heranwachsenden Person in Amsterdam zu verstehen.

Lebensgefühl und gesellschaftliche Erwartungen

Lakmaker fängt in seinem Roman das Lebensgefühl einer ganz bestimmten Zeit, eines bestimmten Milieus, einer bestimmten Generation ein. Die hilflose Suche nach Zugehörigkeit, danach etwas zu fühlen, etwas zu sein und die Überforderung bei dem Versuch, die eigenen Grenzen zu spüren. So verschwindet die junge Lakkie für eine Woche, in der sie mit dem Fahrrad durch Amsterdam stromert. Sie kommt zu dem Schluss: „Langfristig geht so was nicht, denn man muss sich immer und überall verantworten, doch diese eine Woche lang klappte es".

Dominierende Themen bei dieser Suche sind die gesellschaftlichen Erwartungen, die an die junge Sofie gestellt werden und die Emotionen, die diese bei ihr auslösen. Zu dem eingangs zitierten Fazit, dass Sofie „*manchmal* hübsch ist" und welche Qualen dieser fragile Zustand auslösen kann, werden die Leser*innen ganz langsam gebracht, durch eine Beobachtung, ein Gedicht. Wir dürfen den Prozess der Erkenntnis miterleben:

An einem meiner letzten verschwundenen Tage saß ich im *Eye*, wo ein Junge und ein Mädchen neben mir ein Sandwich aßen. Das Mädchen war echt hübsch. Ich war nicht echt hübsch. Ich war manchmal hübsch. Ich schrieb:
Ich bin recht hübsch,
Aber bleibe es nicht,
Komme nur ab und zu vorbei,
Um zu gucken, wie andere mich ansehen.

Damit komme ich zu einem sehr wesentlichen Punkt: mein Äußeres. Am liebsten lief ich den ganzen Tag in meinem Trainingsanzug von Real Madrid rum. Nur kamen dann immer diese Abende, mit Menschen, mit Blicken, mit Bier, und sie riefen: *Wir wollen was fürs Auge!* Dann gehorchte ich. Ich zog eine Hose an, die am Hintern gut saß, trug Foundation auf, sodass meine Haut perfekt schien, und glättete mein Haar. [...] Schwer zu erklären, aber es kommt der Moment, an dem man *erstickt*.

Intime Begegnungen und Lebensweisheiten

Die Geschichte meiner Sexualität, bei dem Titel habe ich zunächst mit Schlüpfrigkeit und expliziten Inhalten gerechnet. Ganz im Sinne von Roches *Feuchtgebiete* (2008), welches damals für Aufruhr sorgte oder dem *Blutbuch* (2022) von de l'Horizon, welches von Konzept, Vermarktung und Zeitpunkt der Erscheinung zunächst in ähnlichem Licht erschien. Um den klebrigen Teil der Sexualität geht es jedoch erstaunlich wenig in Lakmakers Roman. Zentral steht hingegen die Beschreibung davon, wen Lakkie trifft und welchen Einfluss eine intime Begegnung auf einen jungen Menschen haben kann, was jede, wirklich jede Begegnung für Spuren hinterlässt.

Durch die Rezeption des Romans hatte ich zudem erwartet, dass politische Themen sachbuchartig behandelt werden würden. *Die Geschichte meiner Sexualität* ist jedoch kein politisches Manifest wie Meulenbelts Klassiker der feministischen Literatur *De schaamte voorbij* (1976; dt.: *Die Scham ist vorbei*, 1978). Politisch relevante Themen wie Sexualität und Geschlechtsidentität werden subtil verhandelt, das Private wird immer als politisch verstanden. So können wir lesen: „Auf jeder Schulparty tanzten wir zu viert im Kreis und warteten gespannt auf den Moment, an dem die Erste von uns belästigt werden würde". Die ‚Normalität' einer jungen Frau in der Pubertät in den 2010er Jahren wird so trocken beschrieben, dass der Alltagssexismus dieser Zeit in all seinen Facetten unübersehbar wird.

Tobi Lakmaker liefert in seiner Erzählung eine Lebensweisheit nach der anderen. Er schreibt ehrlich und berührend über die Suche nach der eigenen sexuellen Identität – und einer Suchbewegung, die darüber hinausgeht. Banal wirkende Alltagssituationen werden haargenau ausgeführt und pointiert gedeutet. Die Beschreibungen sind schonungslos, direkt und schrecklich treffend. Sie bringen mich als Leserin zum skrupellosen Lachen, dann wenn es um die Antagonisten geht:

Aber Herman Mütsel war eben noch viel ekelhafter. Er vergriff sich an Mädchen, führte auf diesen Partys jedoch das große Wort zum Thema *Feminismus von heute*. Das checkte niemand. Es war krass verwirrend, und um dieser Verwirrung die Krone aufzusetzen, warf er mit den Begriffen *de jure* und *de facto* um sich. *De jure* bist du ein Monster und *de facto* eigentlich auch, dachte ich dann. Aber das *sagte* ich natürlich nicht laut. Ich hab ihn überhaupt nie auf seine Schandtaten angesprochen. Weil ich aus einem ganz bestimmten Holz geschnitzt bin: Furnier von IKEA – das billigste und feigste.

Und seine Narration lässt mich auch ein wenig verliebt werden, wenn es um die Beschreibung der Sympathieträger*innen der Geschichte geht. Schritt für Schritt lernen wir die Personen kennen, die in der Geschichte der Sexualität von Lakkie eine Rolle gespielt haben: Kyra, die Artdirektorin, Roos, die Kapitänin vom Fußballteam, Frida, die der Zeit vertraut, um hier nur jene zu nennen, die ich am liebsten mochte. Und auch wenn wir im Roman lesen können: „Es ging immer nur um mich", so handelt es sich bei den Personen, die wir kennenlernen, um komplexe Charaktere mit eigener Agenda, eigenen Bedürfnissen und Zielen, die zwar kurz und knackig, jedoch sehr treffend skizziert werden. Es geht insofern immer nur um Lakkie, da die (sexuellen) Begegnungen dazu genutzt werden, tiefere Erkenntnisse der Protagonistin darzulegen, aber irgendwie geht es auch gar nicht um Lakkie, sondern viel mehr um die große Suche nach dem Sinn des Lebens.

Was ich erreicht habe, ist auch negativ. Ich habe Frida
nie *gekriegt*, aber sie hat mir doch geholfen, jede Menge
Unsinn loszuwerden. Frida zeigte mir, dass es eine Welt
gibt, in der Menschen nicht zu den Großen gehören
wollen, in der sie der Zeit vertrauen und währenddessen
versuchen, das Beste daraus zu machen. Sie kaufte nicht
bei Albert Heijn ein, sondern bei einem der türkischen
Läden in der Bilderdijkstraat. Da suchte sie sorgfäl-
tig ihr Gemüse aus, das sie dann entsetzlich langsam
kochte. Und es wurde *immer* köstlich, versteht ihr? So
etwas scheint nur ein Detail zu sein, aber das ist es
nicht. Wer sein Gemüse so langsam kocht, hat etwas
ganz Wesentliches verstanden. Ich habe mir dieses
Wesentliche nie ganz aneignen können und habe nach
Frida einfach wieder weitergemacht, wo ich aufgehört
hatte: beim Kaufen von Fertigsalaten. Doch mit ihr
habe ich dieses Wesentliche vorübergehend verstanden. Und vielleicht ist das die Einsicht, zu der sie mir
verholfen hat: dass ich unrecht hatte. Unrecht, wenn
ich tage-, wochen-, monatelang an den Kühlschrank
gelehnt Bücher las, in der Hoffnung, meine eigenen
Konturen zu finden. Das ist, was ich einsah: dass man
diese Konturen nie findet, sondern immer nur *spürt*,
wenn man jemanden ganz nah an sich heranlässt.

Tobi Lakmakers Talent ist es, die Vielschichtigkeit des
Lebens in einem Narrativ zusammenzubringen. Dies zeigt
sich am deutlichsten in der letzten Episode des Romans. Auf
25 Seiten begleiten wir Sofie und die Familie Lakmaker bei
dem Abschied von ihrer Mutter, beim Schreiben der Todes-
anzeige, bei der unendlichen Leere, dem unkontrollierbaren
Lachen auf dem Friedhof. Für die skurrilen Ereignisse und
Emotionen, die ein Todesfall, der Verlust eines geliebten

Menschen mit sich bringt und für die es kaum Worte gibt, hat Lakmaker welche gefunden. Bei diesem Debüt bin ich hellauf gespannt, was noch kommen wird.

Tobi Lakmaker: *Die Geschichte meiner Sexualität*. Aus dem Niederländischen von Christina Brunnenkamp. München: Piper Verlag, 2022. ISBN: 978-3-492-07142-0.

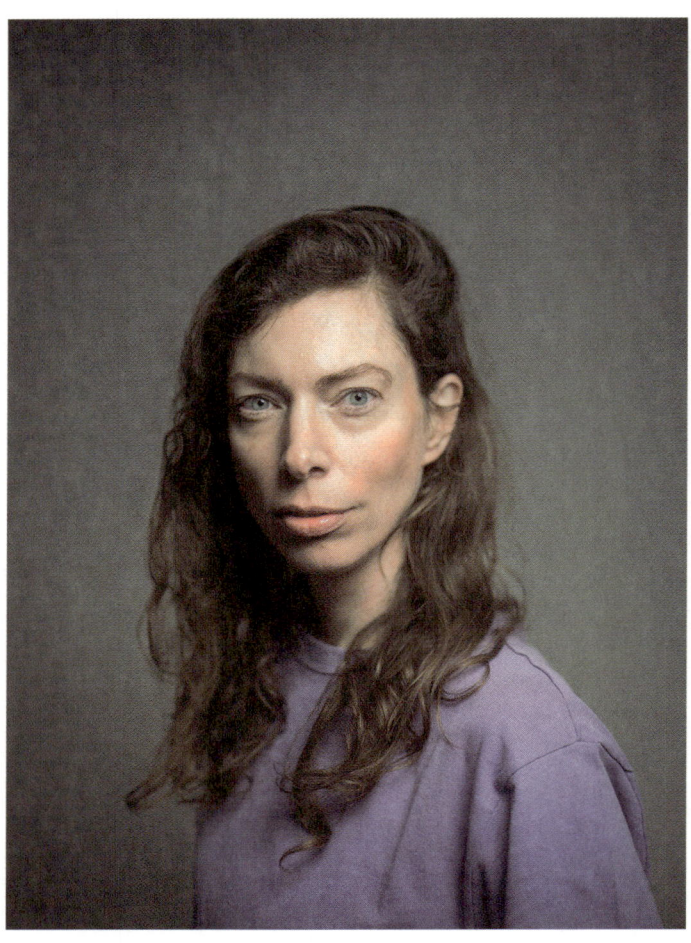

Hanna Bervoets

„Ich erzähle Ihnen nur meine Geschichte"

Hanna Bervoets: *Dieser Beitrag wurde entfernt*
Aus dem Niederländischen von Rainer Kersten

Ute K. Boonen & Pia Awater

Schauen Sie sich auch gelegentlich Videos oder Bilder auf TikTok, Facebook, Instagram, X (Twitter) und Co an, Beiträge, die irgendwer ins Netz gestellt hat und die in der Regel frei zugänglich für jedermann sichtbar sind? Meist sind die geposteten Beiträge harmlos, vielleicht auch komisch oder pointiert, vielleicht sind Ihnen aber auch schon eher grenzwertige Beiträge auf den genannten Plattformen begegnet. Vielleicht wurden Sie sogar bereits einmal online Zeuge von Gewalt und Hass im Netz, von Hitlergrüßen, Tiermisshandlungen oder Selbstverstümmelungen? Wahrscheinlich eher selten, denn solche Bilder und Videos sind oft verboten und gehören nicht in die Öffentlichkeit. Doch wer sorgt eigentlich dafür, dass wir in der Regel nichts sehen, was wir nicht sehen sollen, dass illegale, gefährliche oder unangebrachte, anstößige Beiträge entfernt werden? Und wer entscheidet überhaupt, was unangebracht oder anstößig ist, was wir sehen dürfen oder auch nicht? Wer filtert nach welchen Kriterien? Den meisten Social-Media-Nutzer:innen dürfte bekannt sein, dass es mittlerweile rechtliche Grundlagen dafür gibt, aber ein geposteter Beitrag muss zunächst angesehen, analysiert und bewertet werden, bevor er gegebenenfalls entfernt werden kann. Personen, die diese Aufgabe übernehmen, werden Content-Manager genannt, und von einer solchen Managerin im Social-Media-Business handelt *Dieser Beitrag wurde entfernt*. Hanna Bervoets hat das Buch als sog. ‚Buchwochengeschenk' verfasst, das heißt als Auftragswerk des niederländisch-flämischen Buchhandels für die jährlich stattfindende Buchwoche. Es erschien 2021 unter dem Titel *Wat wij zagen* (dt.: ‚Was wir sahen') und wurde ein Jahr später in deutscher Übersetzung von Rainer Kersten im Hanser-Verlag herausgegeben.

Content: Kayleigh, Hexa, Sigrid

Kayleigh, die Ich-Erzählerin und Protagonistin der fiktiven Erzählung, arbeitet für das Social-Media-Unternehmen „Hexa" und schildert auf gut 100 Seiten ihre Arbeitsumstände, aus welchen Gründen sie sich überhaupt beworben hat, und was der Job mit ihr und vor allem mit ihren Kolleg:innen macht. Diese Berichterstattung erfolgt rückblickend in Form eines Briefes, den sie an den Anwalt Sitic schreibt, der die Interessen ehemaliger Mitarbeiter:innen vertritt und das Unternehmen verklagen will. Der Anwalt möchte auch Kayleigh vertreten, die dies jedoch ablehnt: In dem Brief will sie nur ihre Geschichte aus ihrer Perspektive erzählen. Dass die Erzählung ein Brief ist, vergisst man beim Lesen schnell, weil die Protagonistin die Leser:innen mit in ihre Erfahrungswelt nimmt und die zum Teil verstörenden Inhalte die Briefform überlagern.

Wir erfahren, wie Kayleigh aufgrund ihrer prekären finanziellen Situation die Stelle bei Hexa angenommen hat: Die Arbeit wird nämlich recht gut bezahlt. Ihre Aufgabe besteht darin, gepostete Beiträge von Anfang bis Ende anzusehen, anhand von ständig angepassten Richtlinien zu evaluieren und schließlich zu entscheiden: Darf der gepostete Beitrag

im Netz bleiben oder muss er entfernt werden? Ein Beitrag darf beispielsweise nicht stehen bleiben „wenn Blut
sichtbar ist. Dagegen schon, wenn die Situation eindeutig
komisch ist. Nicht, wenn Sadismus im Spiel ist. Allerdings
schon, wenn das Gezeigte einen aufklärerischen Wert hat".
Die Mitarbeiter:innen des Unternehmens müssen sich mit
allen Beiträgen auseinandersetzen, müssen alles ansehen
und werden zum Teil schonungslos mit schrecklichen Dingen konfrontiert. Dass dies eine stark belastende Aufgabe
ist, bleibt im Unternehmen unberücksichtigt. So erhalten
die Content-Manager:innen zum Beispiel keinerlei psychologische Unterstützung. Ganz im Gegenteil: Der Zeit- und
Leistungsdruck auf die Angestellten ist enorm, weil sie ständig getestet und überprüft und an ihren Quoten gemessen
werden. Fehler in der Einschätzung der Beiträge dürfen
nicht gemacht werden: Es dürfen keine falschen Beiträge
im Netz belassen, aber auch keine richtigen Beiträge entfernt werden. Die Content-Manager:innen bürden sich selbst
eine hohe Verantwortung auf, da sie ihre Entscheidung im
Spannungsfeld zwischen der Beschränkung der Rede- und
Meinungsfreiheit auf der einen Seite und dem Schutz vor
verstörenden oder verhetzenden Inhalten auf der anderen
Seite verantworten müssen. Für das Unternehmen jedoch
sind nur die Trefferquoten wichtig, was die Diskrepanz zwischen einerseits Erfolg und andererseits Ethik und Moral
widerspiegelt. Gesprochen werden darf darüber allerdings
nicht – alle Mitarbeiter:innen sind zur absoluten Verschwie-
genheit verpflichtet.

Kayleighs Trefferquote ist ziemlich gut, sie erläutert, dass
sie selbst ganz gut mit dem, was sie sah, umgehen konnte,
wusste, worauf sie sich einlässt. Auf die stetige Frage aus
ihrem Umfeld „Was hast du denn alles gesehen?", reagiert
sie allerdings allergisch, weil sie bei den Fragenden immer

eine unterschwellige Sensationslust verspürt, die sie unangemessen, sogar abartig findet. Was die Content-Manager:innen sahen? Beispielsweise „wie ein Mädchen sich live mit einem viel zu stumpfen Messer im eigenen Arm herumpulte", „wie ein Mann seinen Schäferhund getreten hat, so brutal, dass das Tier fiepend gegen den Kühlschrank knallte", „wie Leute Hitler huldigten". So klingt Kayleigh schon fast zynisch, wenn sie „das Mädchen mit den Rasierklingen" einen „echten Klassiker" nennt. Sie berichtet dem Anwalt bzw. uns Leser:innen sehr nüchtern und kühl, beschreibt fast emotionslos, was sie gesehen hat. Kayleigh erzählt, wie sehr alle ihre Kolleg:innen unter extremer innerer Unruhe oder unter Schlafstörungen leiden, sich seelisch abschotten und durch Rauschmittel und Ekstasen ablenken. Der Alltag der Mitarbeiter:innen wird durch das, was sie sahen, auch beeinflusst, weil ihre visuelle Wahrnehmung durch den Blick und den Filter des Content-Managements völlig verzerrt ist, wenn sie beispielsweise einen auf dem Dach arbeitenden Handwerker für einen potentiellen Selbstmörder halten. Auch ohne psychologische Expertise wird den Leser:innen klar, dass die Arbeit in diesem Metier ziemlich zuverlässig posttraumatische Belastungsstörungen nach sich zieht. Über sich selbst und ihre Gefühlslage spricht die Protagonistin allerdings kaum. Kayleigh verschließt ihre Augen nicht vor den Abgründen menschlichen Verhaltens, wenn sie die geposteten Beiträge evaluiert, aber sie blendet aus, dass das, was sie zu sehen bekommt, auch Spuren bei ihr hinterlässt. Dass Kayleigh ebenfalls unter großem Druck steht, dass die Arbeit auch für sie selbst eine große Belastung darstellt und es ihr ganz und gar nicht gut geht, macht die Erzählung im Subtext auf subtile Weise deutlich. Schließlich erfahren wir, dass Kayleigh in therapeutischer Behandlung ist, sich aber auch dort nicht anvertrauen will (oder kann), weil sie selbst der Therapeutin Sensationslust unterstellt.

Bervoets' Erzählung ist nicht nur eine Darstellung der unmenschlichen Arbeitsbedingungen in einem modernen Unternehmen, sondern zugleich auch eine Liebesgeschichte. Die Protagonistin verliebt sich nämlich in ihre Kollegin Sigrid, die sie bei Hexa kennenlernt. Sigrid ist durch das, was sie sah, und durch den immensen Druck sichtlich traumatisiert, bricht unter der emotionalen Last zusammen. Anders als Kayleigh gibt Sigrid ihre Probleme offen zu. Die Beziehung der beiden Frauen wird durch den Job auf eine Probe gestellt. Sigrid ist, so gibt Kayleigh an, nach dem Beziehungs-Aus auch der eigentliche Grund für Kayleighs Kündigung bei Hexa. Anders als die Darstellung dessen, was sie gesehen hat, fällt Kayleighs Beschreibung der Liebesbeziehung nicht unterkühlt oder distanziert aus – obwohl sich auch dieser Teil der Geschichte an den Anwalt Sitic richtet. Kayleigh zeigt sich hier verletzlich, nicht abgestumpft oder zynisch, geht teilweise sogar sehr ins Detail. Durch die Verknüpfung von Liebesgeschichte und Dokumentation kann Bervoets auf die Diskrepanz zwischen virtueller und wirklicher Welt verweisen und verdeutlichen, dass zwischenmenschliche Belastungen, anders als Posts im Internet, nicht einfach „entfernt" werden können. Darüber hinaus ist die Liebesgeschichte ein Verweis darauf, dass das menschliche Miteinander nicht durch virtuelle Erlebnisse ersetzt werden kann: So machen die Beziehung mit Sigrid und ihr freundschaftliches Verhältnis zu den Kolleg:innen die Arbeit bei Hexa für Kayleigh überhaupt erst aushaltbar. Doch die destabilisierenden Auswirkungen der Arbeit werden im Laufe der Erzählung immer schwerwiegender und führen letztlich zu Streit unter den Kolleg:innen und zum Beziehungsende zwischen Sigrid und Kayleigh.

Impact: Social Media und Sensationen

Die Erzählung *Dieser Beitrag wurde entfernt* verbindet ein ganzes Spektrum an hochaktuellen Themen. Es ist eine kritische Betrachtung der Social-Media-Plattformen, ohne Berücksichtigung der zweifelsohne auch positiven Möglichkeiten des Internets. Im Mittelpunkt steht die dokumentarische Offenlegung der Arbeitsbedingungen für Content-Manager:innen im Social-Media-Bereich. Bervoets skizziert die multimediale Realität, insbesondere die Herausforderungen im Umgang mit Social-Media, die Abgründe des Internets und die negativen Auswirkungen auf die Gesellschaft. Die Autorin übt dabei deutliche Kritik am Umgang des Unternehmens mit den Mitarbeiter:innen, die enormen psychischen Belastungen ausgesetzt werden, keinerlei Betreuung oder Unterstützung erhalten und in hoher Fluktuation kündigen. Wie realistisch ihre Darstellung in *Dieser Beitrag wurde entfernt* ist, lässt sich z. B. an der aktuellen Berichterstattung zu Social-Media-Unternehmen erkennen, wenn die *FAZ* titelt: „Die im Dunkeln sollen wir nicht sehen. Content-Moderatoren bewahren uns vor Gewalt und Hass im Netz. Die Digitalkonzerne, für die sie arbeiten, würdigen das nicht, im Gegenteil: über die Ausbeutung in einem der prekärsten Jobs in der Techbranche" (Julia Kloiber, *FAZ*, 5. Juli 2023).

Bervoets geht es aber nicht nur um Kritik an den Social-Media- oder digitalen Unternehmen. Ihre Protagonistin will sich weder dem Anwalt noch ihrer Therapeutin, auch nicht Familienmitgliedern oder den Leser:innen anvertrauen. Alle, die fragen: „Was habt ihr denn gesehen?", stellen diese Frage nicht, weil sie Mitgefühl mit den Opfern oder mit den Content-Manager:innen haben, sondern weil sie nach Sensationen gieren, nach besonders Grausamem, Abartigem und Verstörendem. Diese Sensationslust empfindet die Protagonistin in der Umkehrung als widerwärtig und verstörend. So ist *Dieser Beitrag wurde entfernt* nicht nur eine Anklage gegen Social-Media-Konzerne und ihre Arbeitsbedingungen, sondern auch ein gesellschaftskritischer Spiegel, der uns allen als User:innen vorgehalten wird.

Die Erzählung beleuchtet zudem eine breite Palette anderer sozialer Themen, wie den Umgang mit lesbischen und queeren Personen, mit Fake News und anderen Internet-Absurditäten, mit der Verbreitung von Antisemitismus und Verschwörungstheorien. So wird schließlich auch in Hinblick auf das eigene User-Verhalten die eigene Sensationsgier unbequem. Dabei erzählt Kayleigh uns eigentlich nur ihre Geschichte.

Hanna Bervoets: *Dieser Beitrag wurde entfernt*. Aus dem Niederländischen von Rainer Kersten. München: Hanser Verlag, 2022. ISBN: 978-3-446-27379-5.

Joris Mertens

„Und man wird ja wohl noch träumen dürfen, oder?"

Joris Mertens: *Das große Los*
Aus dem Niederländischen von Axel Rothkamm

Sabine Schmitz & Marie Weyrich

Belgische Comics haben einen sehr guten Ruf. Dieser beschränkt sich schon lange nicht mehr nur auf den klassischen franko-belgischen Comic, sondern schließt die niederländischsprachige Comicproduktion ein. Die flämisch-belgischen Autor*innen stehen für Qualität und ihre Werke werden von einem internationalen Publikum geschätzt. Ben Gijsemans, Judith Vanistendael, Brecht Evens, Nix und Pieter de Poortere sind nur einige Vertreter*innen des aktuellen niederländischsprachigen Comics in Belgien. Joris Mertens zählt erst seit kurzer Zeit zu diesem Kreis. Mit *Beatrice* (2019; dt.: 2023) und *Bleekwater* (2022) hat er zwei graphische Erzählungen geschaffen, die beispielhaft für die Entwicklung des flämischen Comics stehen. In beiden wird einerseits das Interesse des Autors für neue Erzählformen deutlich und andererseits die anspruchsvolle künstlerische und literarische Ausarbeitung seiner Werke, die vor allem ein erwachsenes Publikum adressieren.

In Flandern zählt der graphische Roman längst zur (Höhenkamm-)Literatur. Dies verdeutlicht die Tatsache, dass ‚Flanders Literature', eine öffentliche Einrichtung zur Unterstützung des literarischen Sektors, seit 2007 über hundert Übersetzungen flämischer graphischer Romane in über fünfzehn Sprachen gefördert hat. *Bleekwater* ist einer von ihnen und wurde 2023 in einer Übersetzung von Axel Rothkamm auf Deutsch unter dem Titel *Das große Los* im Splitter Verlag veröffentlicht. Er ist parallel auf Französisch, Englisch und Spanisch erschienen. 2022 wurde *Bleekwater* als bester niederländischsprachiger Comic mit dem Willy Vandersteenprijs ausgezeichnet.

Im Mittelpunkt der Erzählung steht der bei jedem Wetter stets korrekt mit Anzug und Krawatte gekleidete François. Er arbeitet seit geraumer Zeit in der Reinigung „Bianca" und fährt die Wäsche aus. In wenigen Jahren wird er pensioniert. Von seinen Arbeitskolleg*innen, seiner Chefin und auch den Kund*innen wird er für seine pünktliche und zuvorkommende Art geschätzt. Seine zerknitterten Gesichtszüge, seine gebeugte Haltung und sein melancholisches Einzelgängertum verändern sich schlagartig, wenn er mit seiner großen Liebe Maryvonne spricht. Sie betreibt einen Kiosk und François gibt dort, in der Hoffnung auf den Hauptgewinn, regelmäßig seinen Lottoschein mit den immer gleichen Glückszahlen ab. Der Gewinn soll ihm eine gemeinsame Zukunft mit der alleinerziehenden Maryvonne und ihrer Tochter Romy ermöglichen. Dieser Traum lässt ihn seinen einsamen Alltag ertragen, in dem er tagein, tagaus mit dem Lieferwagen durch die große Stadt kurvt, die während der gesamten Erzählung in einem Dauerregen zu versinken droht. Doch eines Tages winkt ihm scheinbar das große Los. Bei einer Auslieferung findet er in einem einsamen Haus statt seiner Kundin eine erschossene Gangsterbande und eine Tasche gefüllt mit Geldscheinen vor. Er ergreift die Gelegenheit beim Schopf, verschwindet mit dem Fundstück und besiegelt damit sein tragisches Ende.

Großes Kino: Bilder einer ‚kriminellen Stadt'

Die Figur des Protagonisten ist zeichnerisch detailliert ausgearbeitet. Bereits auf der zweiten Seite wird er ganz dicht
herangezoomt und dem*der Leser*in in einer slow-motion-
Studie, die 12 Panels umfasst, beim Rauchen gezeigt. Seine
markanten Gesichtszüge, die hagere Gestalt, der zerknitterte
dunkle Anzug und die obligatorische Zigarette in seinem
Mundwinkel verleihen ihm das Flair eines Gangsters aus
einem Film noir. Auch seine Wortkargheit, die ganze Seiten
umfasst, passt in dieses Figurenschema. Es wird im zweiten
Teil des Comics schlüssig, wenn er nach der Mitnahme der
Geldtasche zur Fahndung ausgeschrieben wird und nun wie
ein gehetztes Tier durch die Straßen der regentriefenden
Großstadt irrt. Erst im Todeskampf, der durch Nahporträts
die Lesenden in den Bann zieht, fällt diese Stereotypisierung
von François ab.

Wie bereits in seinem gänzlich wortlosen Erstling *Beatrice,*
lässt Mertens auch hier die Bilder für sich sprechen. Dies gelingt, weil sie von großer Anziehungs- und Überwältigungs-
kraft sind und er der Stadt die zweite Hauptrolle in seinem
Werk zugewiesen hat. Es ist eine namenlose Großstadt, die
die Leser*innen in erster Linie durch architektonische Hinweise wie den Martiniturm oder das Parking 58 sowohl an
Brüssel als auch durch ikonische Dachkonstruktionen und
Straßenfluchten an Paris zu erinnern weiß. Zudem wirft
Mertens gekonnt die Silhouette der Eisenbahnkathedra-
le von Antwerpen aufs Blatt. Die Stadtansichten aus der
Vogelperspektive, die großformatigen Häuserfluchten oder
Straßenansichten wirken, als seien sie grob schraffiert und
unterstreichen die Vergänglichkeit der Stadt. Hier stehen neu
und alt dicht nebeneinander, auch aus diesem Spannungsver-
hältnis speist sich der melancholische Grundton des Comics.

Zerfallene Gebäude, alte (Brüsseler) Kinosäle und konkrete Filmverweise stehen für nostalgische Erinnerungen an die 1970er Jahre. Nur wenige Comickünstler*innen sind in der Lage, eine Stadt so großartig zu inszenieren. Dieses Talent hat Mertens bereits in *Beatrice* unter Beweis gestellt. Hier hat er Brüssel nicht nur zum Handlungsort, sondern ebenfalls zu einer Hauptperson gemacht. Dies hat ihm ein vielbeachtetes Lob vom Großmeister des modernen Stadtcomics und Brüsselkenners François Schuiten eingetragen.

Mertens ist ohne Frage ein Könner seines Fachs. Die kluge Auswahl besonderer Momente, die Entfaltung des Rhythmus und die Aneinanderreihung der verschiedenen Einstellungsgrößen und Panelformen zeugen von einer erstaunlichen Beherrschung der dem Comic eigenen Codes. Auch die Dialoge sind auf den Punkt gebracht und keineswegs überflüssig oder redundant. Die zentralen Elemente der Erzählung werden in einer subtilen Art und Weise eingeführt und so inszeniert, dass sie erstmal nicht auffallen; so der Regen oder die Glückszahlen. Dadurch entfaltet sich eine Stimmung, in der sich nach und nach die Leichtigkeit der ersten Seiten in Angst und Spannung verwandelt. Die zum Teil assoziativ verketteten Bildfolgen und starken Bilder in der zweiten Hälfte des Werkes, wie ein überdimensionierter Kopf auf einer Werbewand, der vorwurfsvoll auf den Protagonisten herabzuschauen scheint oder wie die unten gezeigte doppelseitige Stadtansicht, in der François einsam durch die Nacht läuft, tragen maßgeblich dazu bei. Joris Mertens Bildsprache ist wirksam und wirkungsvoll zugleich.

Melancholie in Farbe

In Joris Mertens' Werken materialisiert sich die für den flämischen Comic typische Suche nach neuen Erzählformen insbesondere durch eine starke filmische Dramaturgie. Dies ist kein Zufall. Der Fünfundfünfzigjährige kommt aus dem Bereich der visuellen Erzählung. Zeichnen, Illustration, Storyboarding, aber auch Malerei oder Fotografie sind ihm vertraut. In seinen graphischen Romanen bedient er sich seiner vielseitigen Fähigkeiten sowie seiner Erfahrung im filmischen Bereich. Als wichtige Inspirationsquelle für *Das große Los* verweist er auf den französischen Film noir *Le Cercle rouge* (1970) von Jean-Pierre Melville, in dem ein Ex-Polizist im zerknitterten Anzug eine zentrale Rolle spielt. Mertens greift die melancholische Stimmung des Films auf und durchbricht sie immer wieder durch humorvolle Elemente. Zu ihnen gehört z. B. der im strömenden Regen ständig fehlende, aber doch gelegentlich auftauchende Regenschirm; ein geradezu klassischer ‚McGuffin', d. h. ein im Film mehrfach auftauchendes Objekt ohne konkrete Handlungsrelevanz. Gleichwohl überlässt der Autor nichts dem Zufall. Durch Kapitelüberschriften, für die insbesondere weibliche Figuren als Namensgeberinnen fungieren, ist die Erzählung klar gegliedert und gönnt den Lesenden kurze Atempausen.

Beeindruckend ist die gelungene Verwendung von Licht und Farben. Diese entsprechen dem Farbcode des Krimis, der typischerweise Schwarz, Gelb und Rot in seine Erzählung integriert. Auch der Dauerregen und die Dunkelheit passen zum Genre. Mit dem Strich unterschiedlich dicker Graphitstifte baut der Autor eine besondere Atmosphäre auf, die mal einengend, mal auflockernd wirkt.

Schon der Kalt-Warm-Kontrast der Illustration auf dem Bucheinband spiegelt den gespaltenen Charakter der dargestellten Welt. Hoffnung und Verzweiflung, Traurigkeit und Freude, Schatten und Licht... Immer ist der Abstand zwischen der Gegenwart und dem erhofften Besseren, dem Ideal, greifbar. Dieser Widerspruch ist allgegenwärtig, er gibt der Erzählung ihre spezifische tragikomische Prägung, die von einem melancholischen Grundton getragen ist. Diese Zentralität der Gegensätze wird auch geschickt graphisch umgesetzt.

Die hier angeführte Doppelseite ist ein gutes Beispiel dafür. Die an den Rändern dunklen und in der Mitte hellen Farben heben die Hauptfigur hervor. Außerdem drücken sie die Ambivalenz ihrer Situation aus, die bedrohlich zwischen Segnung und Buße schwankt. Gelb wirkt fast unerbittlich, wenn es zusammen mit seiner Komplementärfarbe in diesen Proportionen verwendet wird. Es sind nämlich nicht nur die Lichtspiegelungen auf den dunklen Straßen oder der durch Stadtlichter durchbrochene Dauerregen, sondern auch die Farben, die ganze Bildfolgen bestimmen. Die Sequenzen in der Wäscherei „Bianca" sind mit kalten Farben versehen. Sie wirken freudlos, langweilig und fast traurig. Im Gegensatz dazu strahlen die schillernden orangen und roten Töne, wenn François sich mit Maryvonne trifft. Die Bilder sind herzerwärmend, wirken hoffnungsvoll und freudig. Dies gilt für alle dargestellten Situationen, die François mit dem großen Los verbindet: die Empfangshalle eines luxuriösen Hotels, Maryvonne, eine Tasche voller Geldscheine oder auch ein Glas Bier am Morgen in der Kneipe „Monico". Lust, Genuss, Freude, Spaß und Hoffnung auf eine drastische Verbesserung seines Lebens durch einen Lottogewinn werden durch die wiederholte Verwendung der warmen Farben ausgedrückt. Die knappen Dialoge unterstützen diese Wirkung: „Wenn ich euch so sehe, geht die Sonne wieder auf!", sagt François zu Maryvonne und Romy. Kurz danach, wenn die beiden François wieder verlassen, verblassen die Töne. Das alltägliche einsame Leben ist grau, braun, trostlos. Wenn in diesem Werk die Farben erst durch ihre starke ästhetische Wirkung auffallen, schmücken sie jedoch nicht nur die Zeichnung aus. Sie schaffen auch eine besondere Stimmung, drücken die Emotionen des Protagonisten aus, materialisieren seine Hoffnungen und sein Alltagsleben und unterstützen die Hauptmerkmale der Erzählung. Diese durchaus narrative Farbverwendung sowie ihre Beherrschung sind außergewöhnlich.

Wenn die Leser*innen das Album zuklappen, bleiben sie gedankenverloren zurück. Gefangen in der melancholischen Stimmung der Erzählwelt zögern sie, sofort wieder in den Alltag einzutauchen: Zuvor gilt es noch der durch die Lektüre aufgeworfenen Frage nachzuspüren, was und wo denn gerade ihr „großes Los" ist.

Joris Mertens: *Das große Los*. Aus dem Niederländischen von Axel Rothkamm. Bielefeld: Splitter, 2023. ISBN: 978-3-98721-142-3.

Wauter Mannaert

„Zack, zack, zack und TADAAA! Fertig!"

Wauter Mannaert: *Yasmina 1. Meisterklasse. /
Yasmina 2. Gemüse für alle!*
Aus dem Niederländischen von Katrin Herzberg

Anna Stemmann

Das 11-jährige Mädchen Yasmina ist die titelgebende
Hauptfigur in der Comic-Serie *Yasmina* des belgischen
Zeichners Wauter Mannaert. Seit 2021 sind davon drei Teile
erschienen, die ins Deutsche übersetzt im Reprodukt Verlag
veröffentlicht wurden: *Yasmina und die Kartoffelkrise* (2021),
Yasmina 1. Meisterklasse (2022) und *Yasmina 2. Gemüse für
alle!* (2022). Für 2024 ist bereits eine weitere Fortsetzung
angekündigt.

Das Leben von Yasmina dreht sich, die Titel der einzelnen Bände lassen es schon erahnen, vor allem um die eng
miteinander verbundenen Themenfelder Ernährung, Kon-
sum und Kochen. Leidenschaftlich, dynamisch und kreativ
geht Yasmina mit Lebensmitteln in ihrer Umgebung um,
bekommt frisches Gemüse von ihren Freunden Marco und
Cyril aus dem Schrebergarten, probiert immer wieder neue
Zutaten aus, erntet Wildkräuter auf dem Schulweg oder
geht heimlich Containern, um vom Supermarkt entsorgte
Lebensmittel zu retten. Ihr großer Eifer spiegelt sich einerseits in den dynamischen Zeichnungen, die sie als quirlige
und selbstsichere Figur zeigen, was sich im Bildaufbau der
einzelnen Panels, also der kleinen Bildkästen, auf einer Seite
verdeutlicht; andererseits auch in der sprachlichen Gestal-

tung des Schrifttextes, der dieses Tempo weiter aufgreift: „Zack, zack, zack und TADAAA! Fertig!"

Dass Yasminas Fähigkeiten dabei locker auf dem Niveau einer Spitzenköchin liegen, legt der Comic nicht zuletzt in der bildlichen Figurengestaltung nahe, denn sie tritt immer mit Kochmütze und Schürze auf, agiert dabei geschickt in enormem Tempo mit großen Messern und Kochlöffeln. In ihrem Bücherregal in der Küche stehen Werke von Yotam Ottolenghi, an der Wand hängt ein Poster von Jamie Oliver. In diese Männerdomäne der Spitzenköche ordnet Yasmina sich ganz selbstverständlich und selbstbewusst ein – auch wenn sie erst 11 Jahre alt ist – und wird in ihrem Umfeld entsprechend wahrgenommen: „Das ist Kunst! So was gehört ins Museum ... nicht in den Bauch!"

Formen von Arbeit

Eng verbunden mit dem Kochen ist die Inszenierung von verschiedenen Formen von Arbeit, auf die ich mich im Folgenden besonders konzentrieren möchte. Yasmina lebt nach dem Tod der Mutter gemeinsam mit ihrem alleinerziehenden Vater, der am Beginn der Serie in dem Schnellimbiss „Tutti Fritti" arbeitet. Der Job des Vaters in einem Laden für Massenabfertigung der immer gleichen Essensportionen steht deutlich Yasminas individuellen Kochfertigkeiten gegenüber, wenn sie immer wieder aufs Neue kunst- und liebevolle Gerichte kreiert. Der Rollentausch zwischen Vater und Tochter deutet auf aktuell vielfach diskutierte Dimensionen von Care-Arbeit, also der unbezahlten Arbeit im Haushalt hin, die häufig mit Gender-Bildern verbunden sind. Auch Yasmina scheint einige dieser Normen bereits verinnerlicht zu haben, was der Comic aber in humorvollem

Ton ironisch bricht, etwa wenn Yasmina ihrem Vater ein
Lunchpaket mitgibt: „Dein Mittagessen für heute. Und bring
die Dose wieder mit."

Während für die Tochter das Kochen keine Lohnarbeit ist,
sondern vielmehr eine kreative Auseinandersetzung, die ihr
eigenes Selbstbild maßgeblich prägt, arbeitet ihr Vater im sogenannten Niedriglohnsektor. Auch hier arbeitet der Comic
mit einer Gegenüberstellung, die verschiedene Formen von
Arbeit thematisiert. Subtil schreiben sich Fragen nach sozialer Klasse in den Comic ein, die mit den ökonomischen
Verhältnissen der Familie verbunden sind. Andeutungsweise
haben Yasmina und ihr Vater eine Fluchtgeschichte, ihr Herkunftsland ist in kleineren Fotos im Bildhintergrund der
Zeichnungen präsent, aber auch in einzelnen Zutaten, mit
denen Yasmina kocht. Immer wieder ist das liebevolle famili-
äre Miteinander von Yasmina und ihrem Vater so eingebettet
in größere soziale oder gesellschaftliche Zusammenhänge,
über die der Comic ebenfalls erzählt.

Die Geschichten um Yasmina verwenden ein wiederkeh-
rendes erzählerisches Prinzip, in dem gegensätzliche Bereiche miteinander kontrastiert oder in Spannung gebracht
werden. Yasminas kunstvolle Leidenschaft für das Kochen ist
in den Comics dafür das verbindende Leitelement, das sich
in den einzelnen Bänden wiederum mit diversen aktuellen
gesellschaftlichen Fragestellungen verzahnt. Zentral ist dafür
die Frage nach ökologischen Dimensionen der Ernährung. In
Yasmina 1. Meisterklasse startet Yasmina eine Petition, um
den ungeliebten Französischunterricht in der Schule durch
Kochstunden zu ersetzen. Obwohl sie bei ihren Mitschülerinnen und Mitschülern auf nur wenig Verständnis stößt,
setzt sie sich für einen bewussten Umgang mit Ernährung
ein, der in ihren Augen bereits Teil des Schulunterrichts sein
sollte: „Ich habe eine Petition gestartet. Um einen Garten auf

dem Schuldach anzulegen … Dann schaffen wir Französisch ab und bauen in der Zeit unser eigenes Gemüse an."

HY-GI-E-NE-vorschriften!

Nicht zufällig bewirbt sie ihre Petition mit dem Slogan „Join the Green Side!" Yasminas Leidenschaft für das Kochen und ihr Aktivismus, der deutliche Parallelen zur ‚Fridays for Future' Bewegung aufweist, wird hier von den Gleichaltrigen jedoch nicht geteilt. Sie nimmt vielmehr die Position einer Rebellin ein, die sich gegen die Lethargie ihrer Mitschülerinnen und Mitschüler stemmt. Gleichzeitig muss sie sich mit den Erwachsenen an der Schule auseinandersetzen, zunächst dem Schulleiter, der nur zähneknirschend Kochstunden erlaubt und dann mit der Lehrerin Frau Beulings, die den Kochunterricht durchführt. Gemeinsam mit Yasmina im Team-Teaching zu unterrichten, führt unmittelbar zu Spannungen zwischen Yasmina und der Lehrerin. Die Vorstellungen beider Figuren über das Kochen gehen deutlich auseinander, außerdem nimmt die ältere Lehrerin Yasminas Eindringen in ihren Zuständigkeitsbereich als Störung ihrer bisherigen Ordnung wahr: „Und ganz abgesehen davon: Warum kann ich die Stunden nicht ALLEIN geben? Ich habe ja wohl genug Erfahrung, um diesen Hohlköpfen beizubringen, wann eine Kartoffel gar ist. / Gekochte Kartoffeln? Äh, wie wär's mit etwas, ähm … Abenteuerlicherem?"

Yasminas Sehnsucht nach etwas Abenteuerlichem spiegelt sich in ihrer chaotischen Zutatenliste sowie der Freude am Experimentieren mit neuen Zutaten. Yasmina steht damit im übertragenen Sinne auch für einen Moment der Erneuerung und des Wandels, welches oft mit Jugend verbunden ist. Frau Beulings repräsentiert hingegen eine konservativere Perspektive, die noch strikte Ordnung vertritt. Dieser Gegensatz bildet sich auch in differierenden Vorstellungen von Arbeitsprozessen ab: „Du liebe Güte! Was für ein Chaos! Warte hier! Hier gibt es VORSCHRIFTEN, Yasmina! HACCP – Hygienestandards, CCP-Bestimmungen! Oberstes Gebot: Sicherheit und Hygiene! Und das Budget muss eingehalten werden! Spätestens Donnerstag liegt dein Plan auf meinem Schreibtisch. An die Arbeit!"

Beim Einkaufen für die Kochstunden im Supermarkt stellt Yasmina fest, dass dort riesige Mengen von Lebensmitteln weggeworfen werden, nur weil das Mindesthaltbarkeitsdatum abgelaufen ist. Dass Yasmina daraufhin Lebensmittel aus den Containern holt, führt zu einem erneuten Konflikt mit Frau Beulings: „In dieser Küche herrschen strenge HY-GI-E-NE-vorschriften! DESWEGEN WIRD NICHTS AUS DEM MÜLLEIMER GEHOLT!!!"

Für Frau Beulings kommen nur tiefgefrorene, bereits zugeschnittene und vorbehandelte Zutaten in Frage, worin erneut ein Gegensatz, nämlich von Natürlichkeit und Künstlichkeit aufgenommen wird. Dass Ernährung dabei auch mit ökonomischen Dimensionen verknüpft ist, spart der Comic ebenfalls nicht aus: „Wo sollen wir die frischen Zutaten denn hernehmen? OHNE das Jahresbudget unserer Schule zu SPRENGEN!"

Die Konstruktionen von Arbeit und Ökonomie sind hier ein Marker für generationale Aushandlungen. Der Comic zeigt dabei durchaus auch ausdifferenzierte Bilder, denn in Yasminas Klasse können sich die Gleichaltrigen nur kaum für das Kochen begeistern. In Yasminas privatem Umfeld gibt es wiederum, neben ihrem Vater, weitere Erwachsene, die ganz alternative Entwürfe von Arbeit und Leben repräsentieren. Yasmina lernt ein Küstler:innen-Duo kennen, das mit einem Wohnrad-Anhänger unterwegs ist. Auch hier spielt bei der

Wahl des Fortbewegungsmittels eine ökologische Dimension mit hinein.

Aktuelle und relevante Themen

Mit der Figur von Yasminas Vater Omran wird noch ein weiterer Aspekt von Arbeit aufgenommen, nämlich die Frage nach Wertschätzung von Arbeit. Neben den Ereignissen um Yasmina entwickelt sich ein zweiter Handlungsstrang um Omran, als er seinen Job bei „Tutti Fritti" verliert. Sein früherer Beruf als „Pommesverkäufer" wird von einer Figur zunächst abschätzig kommentiert: „Ah! Ist das ein echter Beruf?" Von einer anderen Figur jedoch als spezialisierte Fertigkeit verteidigt: „Na klar! Und Omran gehört zu den Besten! Genau die richtige Menge Salz und Soße, eine Gabel, ein Riss ins Papier zum Lüften …"

Statt im Imbissladen zu arbeiten, versucht sich Omran dann an einem eigenen Mofa-Foodtruck, um Essen zu verkaufen. Dieser ist jedoch zunächst kein großer Erfolg, denn er kann sich nicht gegen einen großen Geflügelimbiss mit Dumpingpreisen durchsetzen, der mit dem Slogan „2 Keulen + 1 Gratis" wirbt. Erfolg hat Omran erst, als er seine Speisen wie in einer Showvorführung spektakulärer zubereitet und damit Aufmerksamkeit generieren kann. Verbunden ist dies wiederum mit Prozessen der Medialisierung, denn Omran wird durch einen Zufall zum viralen Star auf der Social Media-Seite „Instakilo". Der Comic verweist damit auch auf Aufmerksamkeitsökonomien, die stark durch Social Media geprägt sind. Yasmina sieht den Erfolg ihres Vaters zunächst auch kritisch, weil sie sich in ihrer Professionalität als Köchin gekränkt sieht: „Das hat nichts mit Kochen zu tun. Wenn du mit deinen Zirkustricks fertig bist, hast du bloß etwas gebratenen Reis und Sojasoße."

Aktuelle und relevante Themen der Gegenwart, wie die künstliche Bearbeitung von Lebensmitteln, Wegwerfgesellschaften und Naturzerstörung prägen die Geschichten, ohne dass diese mit einem didaktisch erhobenen Zeigefinger platt vermittelt werden. Manchmal deutlich, manchmal subtil gehen diese Diskurse in die Geschichten ein. Die Comics verfolgen zwar eine klare inhaltliche Linie, Mannaert nutzt aber auf humorvolle Art und Weise die Möglichkeiten der Erzählform aus Bild und Text, um eine schwungvolle und facettenreiche Geschichte zu erzählen.

Wauter Mannaert: *Yasmina 1. Meisterklasse.* Aus dem Niederländischen von Katrin Herzberg. Berlin: Reprodukt, 2022. ISBN: 978-3-95640-311-8.

Wauter Mannaert: *Yasmina 2. Gemüse für alle!* Aus dem Niederländischen von Katrin Herzberg. Berlin: Reprodukt, 2022. ISBN: 978-3-95640-342-2.

Ben Gijsemans

„Das ist meine geringste Sorge"

Ben Gijsemans: *Aaron*
Aus dem Niederländischen von Rolf Erdorf

Patrick Schetters

Anstatt für seine beiden Nachprüfungen zu lernen, flüchtet sich Aaron, der 20-jährige Protagonist der gleichnamigen Graphic Novel von Ben Gijsemans, lieber in einen seiner vielen Superhelden-Comics, die ihn seine Sorgen und die häusliche Beengtheit vergessen lassen. Diese Enge ist geprägt von stundenlangen, meist hinausgezögerten Lernphasen auf seinem Zimmer und den nervtötenden Gesprächen seiner Eltern am Küchentisch oder beim abendlichen gemeinsamen Fernsehen. Aaron zieht sich immer mehr in seine eigene Welt zurück, doch sein älterer Bruder Steven, der sich bereits ein eigenständiges Leben aufgebaut hat, und auch sein Studienkollege Theo bemühen sich, Aaron aus seinem lethargischen Dasein zu befreien. Steven versucht, ihn in seine kleine Familie zu integrieren, stellt Aaron seiner neuen Freundin und deren Sohn vor. Gemeinsam fahren sie für ein Wochenende in die Ardennen. Auch Theo gelingt es schließlich, ihn mit in eine Bar zu nehmen, jedoch stellt sich der Genuss des belgischen Studentenlebens, wozu laut Theo Biertrinken und ‚Frauen ansprechen' gehören, bei Aaron nicht so recht ein. Er bleibt in seinen Gedanken versunken und zieht sich zum Leidwesen seiner überbesorgten Mutter nur noch mehr zurück. Aarons Verhalten scheint auf den ersten Blick nicht allzu sonderlich, wäre da nicht auch diese Anziehungskraft, die ihn ständig aus dem Fenster seines ehemaligen Kinderzimmers blicken lässt. Auf dem gegenüberliegenden Fußballplatz entdeckt er einen kleinen Jungen, der Aaron ab sofort völlig vereinnahmt. Seine Gedanken drehen sich nur noch um diesen spielenden Buben, er fühlt sich zu ihm hingezogen und probiert mehrmals, selbst mit einem Fußball in der Hand, mit dem Kind ins Gespräch zu kommen – vergeblich. Da Aaron eine ziemliche Niete mit dem Fußball ist, lässt ihn das Kind nicht mitspielen.

Gefühle verleugnen

In Gijsemans' Comicroman dreht sich alles um die diffizile Empfindungswelt des Protagonisten. Aaron entdeckt seine Gefühle für den Jungen, fühlt sich zu ihm hingezogen, weiß aber genau, dass er diesem Drang nicht nachgeben darf. Um sowohl den Jungen als auch sich selbst zu schützen, kapselt sich Aaron immer mehr ab. Die deutsche Übersetzung beinhaltet ein Nachwort von Fanny de Tribolet-Hardy, die die Präventionsstelle Pädosexualität an der Psychiatrischen Universitätsklinik Zürich leitet. Sie erörtert, neben einer wissenschaftlichen Einordnung dieser sexuellen Präferenz, die Bedeutsamkeit des Werkes und betont, dass es Gijsemans versteht, auf einfühlsame Art den Kampf eines Mannes mit sich selbst und seiner Pädophilie zu visualisieren, „ohne dabei in eine unkritische oder gar verharmlosende Haltung zu verfallen." Laut De Tribolet-Hardy ist die mediale Debatte über das Thema zu einseitig und oft geprägt von Angstschürung. Mit seiner vielfältigen Beobachtung und Beschreibung gelinge es dem Autor aber, die sexuelle Präferenz aus einer psychotherapeutischen Perspektive zu beleuchten.

Visuelle Bedrücktheit

Der junge, flämische Comiczeichner und Illustrator Ben Gijsemans (*1989), der in Gent und Brüssel studiert hat, versteht es vortrefflich, die Gefühlswelt des Protagonisten in viele Bilder und umso weniger Worte zu fassen. Der Comicroman zeigt die Emotionen von Aaron und die verschiedenen Episoden seines Daseins in jeweils 12 Panels pro Seite. Diese sequenzielle Dichte sorgt dafür, dass nicht nur die Monotonie des Lernalltags, sondern auch das erdrückende Gefühl und die innere Zerrissenheit, die Aaron spürt, beim Lesen unmittelbar erfahrbar werden. So gibt es beispielsweise eine Doppelseite mit 24 Panels, worauf lediglich zu sehen ist, wie Aaron offenbar lernend, jedoch vielmehr gedankenverloren an seinem Schreibtisch sitzt, Notizen macht, in seinen Laptop tippt, aus dem Fenster schaut, durch seine Notizen blättert, den Laptop neu positioniert, wiederum in seinem Laptop herumtippt, und einen Kaffeefleck auf seinem T-Shirt entdeckt. Da die Perspektive auf Aaron auf dieser Doppelseite die ganze Zeit die gleiche ist, und all diese Handlungen in einem engen Radius stattfinden, hat die langsame Abfolge der Panels etwas filmisches, als würde man sich die einzelnen Bilder einer Filmrolle ansehen. Hinzu kommt, dass Aaron infolge seiner Zurückgezogenheit durch die gesamte Geschichte hindurch kaum spricht. Die meisten Szenen spielen sich, wie gesagt, in seinem ehemaligen Kinderzimmer ab und wir beobachten ihn dabei, wie er sich in seinem Bett hin und her wälzt, sich langsam anzieht, vor seinem Regal mit den vielen Comics steht, einen auswählt, sich auf die Bettkante setzt und liest. Die Bilder haben daher nicht nur beklemmende, sondern auch voyeuristische Züge. Abgewechselt werden diese Episoden mit kurzen, stereotypischen Szenen aus Helden-Comics, in welchen verschiedene

Supermänner in schnellen Abfolgen Bösewichte verprügeln, hilflose Gefährtinnen retten, und ihre Taten immerzu kommentieren („Sie können noch nicht weit sein, wenn ich über die Dächer laufe, entdecke ich sie bestimmt"). Die Rasanz, der Wortschwall und der Aktionsreichtum, in denen sich diese Superhelden bewegen, lässt Aarons Welt nur noch grauer und einsamer erscheinen. Diese visuelle und verbale Diskrepanz wie auch die eingehende psychologische Auseinandersetzung mit dem Verlangen und Verleugnen des Unaussprechlichen sind, was Gijsemans' Comicroman auszeichnet.

Ben Gijsemans: *Aaron*. Aus dem Niederländischen von Rolf Erdorf. Zürich: Edition Moderne, 2023. ISBN: 978-3-03731-245-2.

Lize Spit

„NOCH ELF MINUTEN, IM GESCHÄFT"

Lize Spit: *Ich bin nicht da*
Aus dem Niederländischen von Helga van Beuningen

Rita Schlusemann

Der Roman *Ich bin nicht da* der jungen belgischen Star-
autorin Lize Spit, dessen Erscheinen 2020 sogar in der belgischen Tagesschau angekündigt wurde, beginnt mit dem
Kapiteltitel „NOCH ELF MINUTEN, IM GESCHÄFT", an
den sich der Beginn des Erzähltextes mit den Worten „Als der
erste Anruf eingeht, knie ich mitten im Laden ...," anschließt.
  Diese Worte ziehen die Leser:innen sofort in ihren Bann
und lassen sie das Buch nicht mehr aus der Hand legen. Wie
bei einem Kriminalfilm – offensichtlich ist etwas Schreck-
liches passiert – weiß die gelernte Drehbuchautorin von
diesen ersten Worten an eine atemberaubende Spannung
zu kreieren.

Struktur

Der Roman erzählt die Liebesgeschichte von Leo, Ver-
käuferin in einer Boutique für Umstandsmode, aber in der
Hoffnung, Aufträge als Drehbuchautorin zu bekommen, und
dem psychisch erkrankten Simon, einem sehr talentierten
und erfolgreichen Graphikdesigner. Sie haben sich zwölf
Jahre vorher, während des Studiums an der Filmakademie in
Brüssel, kennengelernt und sind kurze Zeit danach zusam-

mengezogen. Aus Leos Perspektive schildert der Roman abwechselnd in drei Strängen drei verschiedene Lebensabschnitte:

a. die aktuellste Zeit- und Raumebene in einer Rückblende, beginnend mit den Kapiteln „Noch elf Minuten, im Geschäft" über u. a. „Noch sechs Minuten und dreissig Sekunden, Visverkopersstraat" bis zu „Noch dreissig Sekunden, Treppenhaus" und „Zu Hause";
b. wichtige Phasen ab dem Moment des Kennenlernens, beginnend mit „Vor zwölf Jahren" bis zu „Vor vier Jahren"; das Erzählen über diese Zeit hört auf, als Simons Kollege Coen und Leos Kollegin Lotte sich verliebt haben; und
c. die Zeit zwischen dem 12. Mai 2018 und dem 21. Februar 2019, die Simons Krankheitsphasen in ihren verschiedenen Facetten veranschaulicht (das Ende des Romans sei hier nicht preisgegeben).

Leo und Simon haben sich in der Zeit kennengelernt, als es Simons Mutter immer schlechter ging. In ihrer letzten Krankheitsphase hatte sie sich in einer Palliativeinrichtung zurückgezogen und in grausamer Weise Simon jeden Kontakt untersagt. Simon konnte sie in ihren letzten Lebenswochen nicht begleiten und sich nicht von ihr verabschieden. Als Leo noch ein Kind war, ist ihre Mutter, die von Leos Vater auf unterschiedliche Arten wie in einer Art „Kriegshandlung" gequält wurde, bei einem Fahrradunfall verstorben. Leo hat Schuldgefühle, weil sie nie eingegriffen hat, um ihre Mutter zu schützen. Leo und Simon fühlen sich symbiotisch wie auf einer Insel verbunden, „zwei schiefe Säulen", die sich gegenseitig Halt geben. Sie sind so eng über den Tod der Mütter miteinander verflochten, dass sie füreinander die Geburtstage der verstorbenen Mütter feiern. Sie ziehen zusammen und führen „die Art von Leben, die man aus Küchenkatalogen kennt". Leo ist überglücklich, als sie von Lottes Eltern eine junge Katze anvertraut bekommen und es niemanden gibt, der das Tier die Toilette hinunterspülen könnte, wie ihr Vater es mit ihrem Goldfisch getan hatte.

Psychische Erkrankung und liebende Angehörige

Am 12. Mai 2018 teilt Simon mit: „Ich habe wichtige Neuigkeiten". Eine Woche vorher war er verspätet nach Hause gekommen, hatte sich ein Tattoo stechen lassen und seitdem kaum noch geschlafen. Seine Psychose wird offenkundig: seine Stelle als Graphikdesigner hat er gekündigt, und er will sich mit einer Firma selbstständig machen, die Tattoos entwirft. Unvermittelt hat er die gemeinsame Wohnung umgeräumt und gerät in einen Kaufrausch: er bestellt in großen Mengen Visitenkarten, Farben, Schuhe, Poster, Aufkleber, Kugelschreiber. Er schläft kaum noch, ist durchwegs beschäftigt und entwickelt immer mehr paranoide Gedanken und Wahnvorstellungen, vor allem im Hinblick auf seinen ehemaligen Arbeitskollegen und Freund Coen, wodurch sich auch die Beziehung zu dem befreundeten Paar verändert. Er sagt selbst, dass er nun erst in der Lage sei, die Dinge ganz klar zu sehen: „Dass diese drei Autos hier hintereinander parkten, mit Nummernschildern, die alle drei eine Zwölf aufwiesen, konnte kein Zufall sein. ... Zwölf sei immer seine Klassennummer gewesen ... wenn man die Geburtstage von Lotte und Coen sowie seinen und meinen Geburtstag addiere und dann durch zwei teile, [komme man] ebenfalls auf zwölf."

Lize Spit veranschaulicht eindrucksvoll Leos Gedanken und Gefühle und thematisiert die äußerst schwierige Gefühlslage und das Verhalten einer liebenden Angehörigen zu dem sich so Verändernden und Veränderten. Soll sie „aussitzen" oder „eingreifen"? Der alte Simon ist abhandengekommen. Wohin ist Simon verschwunden? Wenn Leo an den alten Simon denkt, möchte sie so gern in der Vergangenheit anrufen und ihn fragen, wohin er verschwunden ist und wie sie ihn wiederbekommen könnte. Der Roman beschreibt das Leben der beiden Hauptcharaktere in solch detailreichen und bildlichen Worten, dass man als Leser:in mit in den intimsten Raum der beiden hineingesogen wird, dass man geradezu mitlebt.

Leo traut sich zunächst nicht, Simons verändertes Verhalten anzusprechen und einen Arztbesuch vorzuschlagen, und flüchtet sich in Notizen über die Veränderungen, ein erster Schritt, mit der neuen Situation irgendwie umzugehen. Als Simons wahnhafte Ideen weiter zunehmen, bringt Leo Simon doch dazu, mit ihr zusammen einen Psychiater aufzusuchen. Hier betont Simon: „Ich bin nicht abwesend, ich bin da, ich bin Simon". Nach einem ausführlichen Gespräch verschreibt der Arzt Beruhigungstabletten, damit Simon etwas zur Ruhe kommen und schlafen kann.

Eine Psychologin, mit der Leo allein spricht, fragt sie, warum sie selbst keine Grenzen gesetzt habe. Leo entwickelt nahezu eine Obsession, Simon zu versorgen. Sie legt heimlich ein Reiskorn auf sein Kopfkissen, um zu überprüfen, ob er auch wirklich geschlafen hat. Nach der Aufnahme in einer Psychiatrie wird Leo durch die Medikation ruhiggestellt und ähnelt einem Zombie, der kaum das Gleichgewicht halten kann. Übrig ist sein Körper, „dessen Besitzer fort" ist. Nach 50 Tagen wird er entlassen und sie muss konstatieren: „Ich hatte eine billige Imitation von Simon mitbekommen".

Um selbst mit der Situation umgehen zu können, fängt Leo an, unter einem Pseudonym – um Simon nicht zu verraten – Kolumnen über die Erkrankung und deren Folgen im Alltag und im Zusammensein zu schreiben. Durch das Schreiben bekommt sie die Chance, gesehen zu werden, ihre Scham, ihre Schuldgefühle und ihre tiefe Traurigkeit darüber, dass der „alte Simon" verschwindet, zu artikulieren und ihre Gefühle zum Ausdruck zu bringen. Spit gelingt es, detailreich in einer bildhaften Sprache („einem Körper, dessen Besitzer fort war"; „wie Lautsprecher und Mikrophon, die sich zu nahe beieinander befanden"; „Simon war gebrochen … es musste schon vorher unzählige kleine Risse gegeben haben, Materialermüdung, Gebrauchsspuren, die im Laufe der Jahre entstanden waren"), etwas Großes darzustellen: wie weit können Menschen mitgehen, wenn der/die eine sich verändert?

Raummetaphorik und verschwindendes Ich

Dabei spielt die Bedeutung des Raumes, die räumliche Metaphorik und die Überschreitung von Grenzen im Roman eine herausragende Rolle. Simons völlige Neugestaltung des intimsten Raums von Leo und sich, ihrer Wohnung, ihrer Insel, steht metaphorisch dafür, dass sein altes Ich verschwunden ist und sein neues Ich den Raum, zugleich Leos Zuhause und ihre alte Beziehung eingenommen hat. Der gänzliche Rückzug Simons in dieser Wohnung geht mit der Zunahme seiner Wahnvorstellungen einher. Auch Leos Welt wird immer eingeschränkter. Sie besteht im Grunde nur noch aus drei (und zeitweise vier) Räumen: der Wohnung, in der sie mit Simon lebt; ihrem Weg zur Arbeit; der Boutique und der Psychiatrie. Während der Besuchszeit im Krankenhaus stellt sich Leo einen Raum vor, in dem das Innere jedes Patienten sitzt, das erst nach einer gewissen Zeit und wenn man bestimmte Aufgaben erfolgreich bewältigt hat, wieder zurück in den betreffenden Körper darf. Nach dem Bedeutungsforscher Jurij M. Lotman kann die Struktur des Raumes, die die Romanwelt darstellt, die (ganze komplexe) Welt modellieren. Durch Simons neue Raumgestaltung wird nicht nur die Wohnung für Leo von einem guten, zugänglichen und eigenen vertrauten Raum zu einem schlechten, unzugänglichen und fremden, sondern diese Neumodellierung steht metaphorisch für die Entstehung seines neuen Inneren und für Leos Erfahrung von Entfremdung.

Die Bedeutung des Raumes kommt im mehrdeutigen Titel des Romans zum Ausdruck. *Ik ben er niet*, der niederländische Titel wird passend mit *Ich bin nicht da* ins Deutsche übersetzt. Es gibt die physiologische Ebene, verbunden mit der körperlichen Anwesenheit einer Person. Im Roman ist es oberflächlich die Nachricht, die der/die Anrufer:in hört, wenn er/sie Simons Handy anruft und er nicht anwesend ist. Der niederländische Titel enthält eine weitere Ebene: damit könnte auch in etwa ‚Ich bin (gedanklich) abwesend‘ oder ‚Es gibt mich nicht‘ gemeint sein, und dann könnte sich der Satz auf eine psychische mentale Ebene beziehen. Simons altes Ich ist nicht (mehr) da, es ist verschwunden und durch sein „buchstäblich neues Ich" ersetzt worden, in seinen Worten: „ich bin mehr denn je Ich selbst". Der Titel und die auf dem Umschlag abgebildete Titelzeichnung deuten dieses Verschwinden an.

Ik ben er niet kann man schließlich auch auf die Zerrissenheit der weiblichen Hauptfigur beziehen, die sich selbst während der Erkrankung ihres Partners nahezu eliminiert, ihre eigenen Bedürfnisse hintanstellt und auf diese Weise ebenfalls verschwindet. Wie ein „Blindenhund" versorgt sie ihren Partner und ist nicht mehr sie selbst („ich wusste nicht mehr, welche Leo ich sein sollte").

Noch nie habe ich einen Roman gelesen, der eine psychische Störung und deren Folgen für die Betroffenen und die Angehörigen, Freunde und Bekannte so eindringlich auszudrücken vermochte.

Lize Spit: *Ich bin nicht da*. Aus dem Niederländischen von Helga van Beuningen. Frankfurt am Main: S. Fischer, 2022. ISBN: 978-3-10-397124-8.

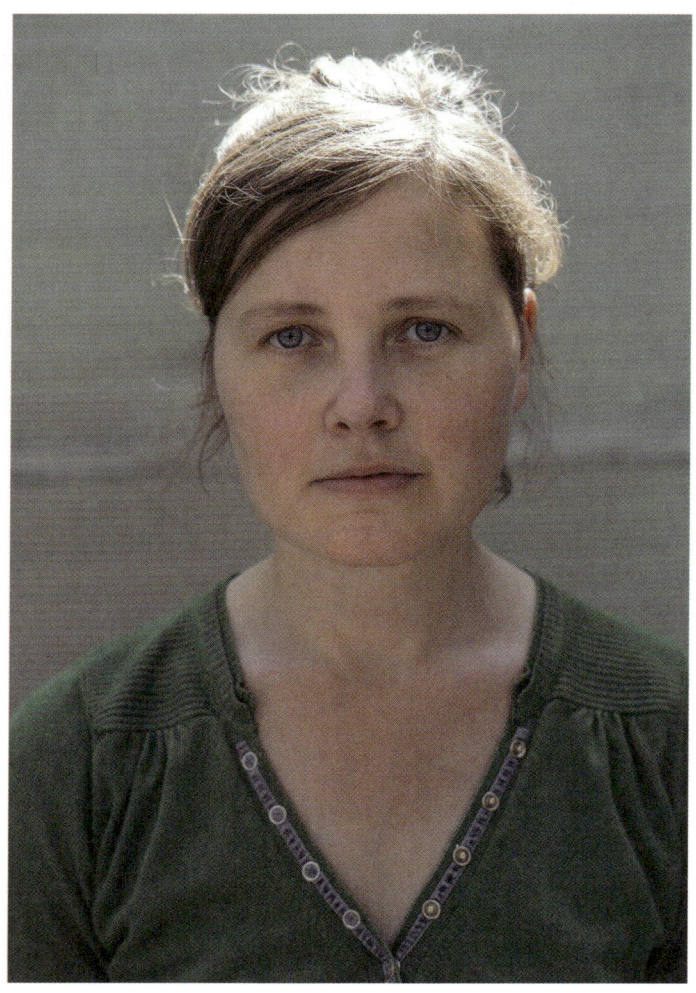

Gerda Blees

„Wir sind die unangenehme Empfindung"

Gerda Blees: *Wir sind das Licht*
Aus dem Niederländischen von Lisa Mensing

Lotte van den Bosch

> „Wenn wir sprechen könnten, hätten
> wir ihr zugerufen: ‚Iss doch, Frau, iss!
> Niemand hält dich auf.' Aber sie aß nicht."

Im Jahr 2017 stirbt eine Frau in einer Utrechter Wohnge-meinschaft. Die Ursache: Unterernährung. Die darauf-folgenden Ermittlungen konzentrieren sich bald auf ihre drei Mitbewohnenden. Gemeinsam hatten die WG-Mitglieder beschlossen, immer weniger zu essen – Licht und Luft waren monatelang ihre Hauptenergiequellen gewesen.

Für Gerda Blees (*1985) war diese Tagesnachricht, die in Utrecht und Umgebung für kollektives Unverständnis sorgte, der Anlass für ihren Debütroman, der für den Libris-Literaturpreis nominiert und mit dem ‚Boekhandelsprijs' (Preis des niederländischen Buchhandels) sowie dem Litera-turpreis der Europäischen Union ausgezeichnet wurde. Dank der Übersetzerin Lisa Mensing (*1989) können sich nun auch die deutschen Leserinnen und Leser mit dieser einen Frage auseinandersetzen: Wie konnte es so weit kommen?

Wir

Auf diese Frage gibt es keine einfache Antwort. *Wij zijn licht* (2020; dt.: *Wir sind das Licht*, 2023) beginnt mit einem Widerspruch, der das ganze Buch prägt. Auf der einen Seite gibt es „[d]as Vertraute: ein Wohnzimmer mit Neunzigerjahremöbeln und geschmackloser Deko an den Wänden – große bunte Schmetterlinge aus Metall, alte Musikinstrumente in verschiedenen Größen." Eine Aufzeichnung von etwas Häuslichem, etwas Sicherem, wäre da nicht die Tatsache, dass eine der vier Figuren im Sterben liegt. In dieser scheinbar einfachen Ausgangssituation schimmert gleich zu Beginn des Romans etwas Unheilvolles durch, das beschrieben wird als:

> [d]as Abweichende: alles andere, aber vor allem die Tatsache, dass die Schwestern mitten im Zimmer auf Luftmatratzen liegen, und der Anblick der restlichen Gesellschaft, ein Mann mittleren Alters und eine etwas jüngere Frau, die vom roten Sofa aus zusehen. Beide sind nur noch Haut und Knochen, wie die Sterbende; ihre Wangen sind eingefallen, ihre Augen liegen tief in den Höhlen. Sie sind zwar nicht im Begriff zu sterben, aber wir können ihre Skelette schon durch die Haut schimmern sehen.

Indem der Erzähler Elisabeth, eins der vier Mitglieder der Wohngemeinschaft „Klang & Liebe", als „die Sterbende" bezeichnet, macht er deren Tod unausweichlich, was den Blick des Lesers gleich zu Beginn des Romans auf die Mitwohnenden lenkt: Petrus, Muriel und Elisabeths Schwester Melodie. Sie sind fast so mager wie Elisabeth: „an der Art, wie sie atmen, als hätten sie Angst, zu viel Sauerstoff auf einmal aufzunehmen, kann man sehen, dass sie zwar nicht tot sind, aber dass sie genauso wenig voller Überzeugung leben." Dennoch scheinen sie sich selbst wenig Gedanken über ihre Situation zu machen. Darüber hinaus: Peter und Muriel beobachten die Szene vom Sofa aus, und auch Melodie, Elisabeths Schwester, schaut ruhig zu, wie ihre Schwester stirbt.

Inzwischen spielt Blees mit der Erzählerrolle. Die einzige Stimme, die die Leser:innen zu Anfang des Romans vernehmen, ist die der Nacht. Oder, genauer gesagt, eines Kollektivs, das behauptet, „Nacht" zu heißen, denn der Erzähler agiert im gesamten Roman in der Wir-Form. Während das Bild von vier Luftmatratzen auf dem Boden, auf denen „die Sterbende" und ihre drei Mitbewohnenden liegen, Gestalt annimmt, klingen die ersten Zeilen des Romans wie eine Art Mantra, das über ihnen schwebt: „Wir sind die Nacht. Wir bringen Düsternis und Trunkenheit, Katzenkämpfe, Schlaf und Schlaflosigkeit, Sex und Sterbefälle. Wer in aller Ruhe sterben möchte, ohne zu viel Trara und Drama, macht das vornehmlich in uns, der Nacht, während die angehenden Hinterbliebenen schlafen."

Die Leser:innen werden dabei zum Komplizen. Zusammen mit der Nacht blickt man in das Zimmer und auf die ausgezehrten Bewohner. Letztere tun nichts, die Nacht tut nichts, und die Leser:innen können nichts tun. Das Unvermeidliche geschieht vor unseren Augen: „Sie ist fort, sagt die Schwester, die sich, ohne die Hände der Toten loszulassen, auf der Luftmatratze aufgesetzt hat. Ich habe den Übergang gespürt. Sehr fließend war das. Wie schön. Wie besonders. Findet ihr nicht auch?"

Der Hausarzt wird angerufen, die Assistentin notiert „etwas von einer undurchsichtigen Geschichte [...] und möglicher Suizid?" Ein anderer Arzt stellt sowohl Elisabeths Tod als auch die ungewöhnlichen Umstände, die er vorfindet, fest.

So wird die Nacht wieder zum Tag und das einst gemütliche und bunte Wohnzimmer „Klang & Liebe" zum Tatort – der zweite Wir-Erzähler, den Blees auf die Bühne bringt.

Licht

Wir sind das Licht. Der für die deutsche Übersetzung gewählte Titel besitzt zwar nicht ganz die Mehrdeutigkeit des niederländischen Titels (in dem „licht" auch ‚dünn' bedeutet), aber er berührt durchaus auch den Kontrast zwischen Zusammengehörigkeit und Untergang, der das Buch von Blees durchzieht. Die Leser:innen lernen eine Gruppe von Personen kennen, die mit aller Kraft versuchen, sich vorherrschenden Trends wie Überkonsum und Eile zu widersetzen, und „Klang und Liebe" als Alternative wählen. Eine Gruppe von Menschen, die sich umeinander kümmern und sich bemühen, einander zu verstehen. Demgegenüber stehen Elisabeths Tod und die faktenorientierte polizeiliche Untersuchung, die darauf abzielt, zu verstehen, was mit ihr geschehen ist.

Mit der von ihr gewählten Erzählperspektive gelingt es Blees, das gegenseitige Unverständnis und die damit einhergehende Unerreichbarkeit des Anderen präzise einzufangen. Sie entscheidet sich Kapitel für Kapitel für den Wir-Erzähler. Eine solche Wir-Form impliziert in der Regel ein gewisses Maß an Inklusion, aber weil dieses „Wir" in jedem Kapitel seinen Charakter und seine Reichweite ändert und zudem in der Regel an eine Sache oder ein Phänomen gebunden ist, schließt diese scheinbar inklusive Perspektive die Leser:in geradezu aus. „Wir sind ein Orangenduft", „wir sind der Zweifel", „wir sind kognitive Dissonanz" – von all dem sind die Leser:innen weit entfernt.

Da Leser:innen von Natur aus dazu neigen, mit den Figuren zu sympathisieren oder zumindest eine Annäherung an sie zu suchen, macht sie die ständig wechselnde Stimme einer Instanz, mit der man sich im Allgemeinen nur schwer identifizieren kann, unruhig und neugierig. Und so spiegelt der Kampf des Lesens den Kampf, der im Roman geführt wird. Nicht nur der (juristische) Streit, den die WG-Mitglieder mit ihrer Umgebung führen, sondern auch der Kampf, den die Ermittlerin im Buch mit ihrer Tochter führt, die ein Essens-Tagebuch führt und immer dünner wird, aber nicht reden will. In dieser Kakophonie der Stimmen – die an das erinnert, was der Philosoph Michail Bachtin (1895–1975) einmal beschrieben hat – geht ein echtes Gespräch manchmal verloren, wie Blees zeigt. Im verzweifelten Versuch, eine Beziehung herzustellen, werden Leser:innen, wie die „zwei Zigaretten", die „Wollsocken" und die „Geschichte", in erster Linie zum Voyeur.

In Rezensionen wurde bisher vor allem darauf hingewiesen, dass *Wir sind das Licht* zeigt, wie verhängnisvoll eine langsame Radikalisierung sein kann. Das hat zu Diskussionen geführt, denn ist das wirklich das, was in der Wohngemeinschaft in Utrecht, die die unmittelbare Vorlage für den Roman war, passiert ist? Diese Frage hängt mit dem Kampf zwischen Fakt und Fiktion zusammen, den dieses Buch – vielleicht ungewollt – ausgelöst hat. Das Ereignis, das der Auslöser für die Geschichte war, ist im Internet leicht auffindbar, ebenso wie die Namen der Personen, die Mitglieder der immer noch existierenden Wohngemeinschaft waren und sind. Letztere bedauern zutiefst, dass ihnen Jahre nach dem Tod einer Mitbewohnerin, zwei Nächten im Gefängnis und einem langwierigen Gerichtsverfahren auch noch ein Roman vor die Füße geworfen wurde. Dieser Roman wiederum führte dazu, dass – so die WG-Mitglieder – fleißige Schüler regelmäßig bei ihnen an die Tür kamen, weil sie das Buch für das Fach Niederländisch gelesen hatten. Was Literatur alles auslösen kann.

Wir sind das Licht ist, kurz gesagt, ein Roman, der zugleich frustriert und fasziniert. Es ist ein Roman, der zum Nachdenken darüber anregt, was Loyalität bedeutet und wie machtlos man sich fühlt, wenn man Zuschauer eines potenziell fatalen Prozesses ist, aber auch darüber, was ein Roman in der Realität alles bewirken kann und darf. Die Antwort auf diese Fragen scheint vorerst bei uns zu liegen. Wir sind schließlich die Leser:innen.

Gerda Blees: *Wir sind das Licht*. Aus dem Niederländischen von Lisa Mensing. Wien: Zsolnay, 2022. ISBN: 978-3-552-07274-9.

Jaap Robben

„Es gibt kein Kind mehr"

Jaap Robben: *Kontur eines Lebens*
Aus dem Niederländischen von Birgit Erdmann

Lisa Mensing

Ein Mann schreibt über eine Frau. Ein Mann schreibt aus der Perspektive einer Frau. Über Schwangerschaft und Mutterschaft. Ein Umstand, der den Leser:innen nicht allzu häufig begegnen dürfte, denn die durch das Patriarchat geprägte Gesellschaft stempelt diese Themen auch im 21. Jahrhundert immer noch allzu gerne als ‚Frauenthemen' ab, die nur in Literatur von Frauen für Frauen stattfinden. Der niederländische Autor Jaap Robben durchbricht mit seinem neuen Roman *Schemerleven* (2022; dt.: *Kontur eines Lebens,* 2023) glücklicherweise diese Klischees und schenkt der Leserschaft einen einfühlsamen und aufwühlenden Text über eine rasante Sommerliebe und den Umgang mit unehelichen Schwangerschaften in den 1960er Jahren. Robben zeigt auf, welche Traumata betroffene Frauen erlitten haben und welche erdrückende Wirkung das Schweigen haben kann. Doch vor allem erzählt der Autor in *Kontur eines Lebens* die Geschichte einer unglaublich starken Frau, die sich nie von ihrem Weg abbringen lässt.

„Ich kann an nichts anderes denken. Immerzu sehe ich die blassen Füße von Louis vor mir." Mit diesen Worten beginnt Robbens dritter Roman. Die 81-jährige Frieda, die von fast allen nur Ida genannt wird, muss in ein Pflegeheim ziehen, denn ihr Mann Louis ist gerade plötzlich und unerwartet an einem Herzinfarkt gestorben. Durch die neue Situation und die ungewohnte Umgebung werden in ihr Erinnerungen an eine lange verdrängte Vergangenheit geweckt – an die Beziehung mit Otto. Ida nimmt die Leser:innen mit auf eine Reise durch ihr Leben, in der Gegenwart und Vergangenheit zusammenfließen und deutlich wird, wie stark die Begegnungen in unserem Leben fortwirken.

Die Schatten der Vergangenheit

Im Alter von 21 Jahren wohnt Ida noch bei ihren Eltern und arbeitet als Floristin in einem Blumenladen. Der März 1963 ist ein besonderer Monat in der Geschichte (was die junge Ida damals natürlich noch nicht wissen konnte), denn zum letzten Mal ist die Waal, der Fluss, der durch Nimwegen fließt, zugefroren. Ida will die letzten Wintertage nutzen und wandert kurz vor Einbruch der Dunkelheit auf der Suche nach einer ruhigen, unberührten Stelle über das Eis. Und da steht plötzlich Otto vor ihr. Die beiden führen ein ungelenkes, schüchternes Gespräch, gehen zusammen wieder ans Ufer und verabschieden sich, ohne sich einander vorgestellt zu haben. Einige Tage später steht Otto auf einmal in dem Blumengeschäft, in dem Ida arbeitet. Als er sie erkennt, wartet er bis zum Ende ihrer Schicht und bietet ihr an, sie nach Hause zu fahren. Ida zögert, aber steigt schließlich in den Wagen. Als sie den Ring an seinem Finger sieht, gibt der deutlich ältere Otto zu, verheiratet zu sein. Zuerst will Ida das Auto verlassen, sie bedankt sich, hat die Hand schon am Türgriff, doch dann fragt sie ihn spontan, ob sie ihn küssen dürfe und fortan holt Otto Ida fast täglich von der Arbeit ab und es entspinnt sich eine leidenschaftliche Affäre, die natürlich geheim gehalten werden muss.

Die Beziehung der jungen Leute ist trotz aller Widrigkeiten rauschhaft. Otto weiht Ida in seine Nachtfalterobsession ein und nimmt sie mit zu einer seiner nächtlichen Zählaktionen, zeigt ihr in der Natur besondere Pflanzen und Insekten und reist mit ihr über die Grenze nach Deutschland, um Kleve zu erkunden. Ida blüht immer mehr auf und lässt sich auch dann nicht verunsichern, als die beiden in einem Hotel von einem erbosten Rezeptionisten rausgeworfen werden, weil der dahintergekommen ist, dass es sich nicht um ein verheiratetes Paar handelt – das waren damals noch ganz andere Zeiten! Otto hadert mit dem Fremdgehen, er bringt es nicht übers Herz, Ida als Frau Drehmann, als seine Ehefrau auszugeben, schweigt immer wieder zerknirscht. Doch Ida und Otto werden nahezu magisch voneinander angezogen wie Nachtfalter vom Licht.

Ida erlebt mit Otto ihr erstes Mal (und viele weitere Male) und nabelt sich immer mehr von ihren Eltern ab, von dem Leben, das ihr wie ein eingelaufener Pullover erscheint:

Schließlich musste ich wieder nach Hause. Wo ich das Leben mit meinen Eltern wie einen alten Pullover wieder überzustreifen versuchte. Einen Pullover, der nach jedem Treffen mit Otto wieder ein Stück eingegangen war. Mittlerweile hatte er die Größe eines Kinderpullovers. Ich bekam den Halsausschnitt kaum noch über den Kopf.

Er spannte so, dass ich fast erstickte, als ich mich meinen Eltern gegenübersetzte. Kartoffeln und Blumenkohl. Vielleicht war es immer schon ein Kinderpullover gewesen, der jetzt nicht mehr passte, weil ich erwachsen geworden war.

Und auch die Mutter bemerkt Veränderungen an ihrer Tochter, mal sind ihre Lippen nach einem Treffen mit Otto auffällig rot, mal kommt das Kind zu spät zum Abendessen, und dann fehlen plötzlich die benutzten Monatsbinden im Eimer. Idas Mutter konfrontiert sie mit dieser beunruhigenden Tatsache, und plötzlich muss auch Ida der Wahrheit ins Auge blicken – sie ist schwanger.

Und wer trägt die Konsequenzen?

An dieser Stelle muss man sich noch einmal bewusst machen, dass wir uns im Jahr 1963 befinden, in Nimwegen, ganz in der Nähe der deutschen Grenze. Was hat eine uneheliche Schwangerschaft damals bedeutet, was hatte sie für Auswirkungen? Die Konsequenzen, die Ida wegen der Schwangerschaft zu tragen hat, sind verheerend. Jaap Robben schildert unverblümt, wie rückständig vor sechzig Jahren, kurz vor der Zeit der Hippies und der freien Liebe mit einer unverheirateten Frau, die ein Baby erwartet, umgegangen wurde. Nicht nur rückständig, sondern schockierend grausam. Und dabei spielte natürlich auch die Religion eine nicht unwesentliche Rolle. Sie wird in *Kontur eines Lebens* aber keinesfalls als alleiniger Übeltäter herausgepickt und an den Pranger gestellt, sondern erhält nur eine Nebenrolle. Stattdessen zieht sich die verachtende Haltung gegenüber Ida durch die ganze Gesellschaft – eine uneheliche Schwangerschaft ist eine Schande! Und wer trägt die Konsequenzen? Natürlich die Frau, wer denn sonst?

Und mit diesen Konsequenzen, mit den sechzig Jahre zurückliegenden Geschehnissen und dem Alleingelassenwerden hat die alte Ida im Pflegeheim immer noch zu kämpfen, unzählige Alltäglichkeiten triggern sie und lösen Gefühle aus, die sie jahrelang unterdrückt hat und mit denen sie immer noch nicht umgehen kann. Doch zum Glück muss Ida sich dem nicht allein stellen. Idas Sohn Tobias sammelt immer mehr Indizien dafür, dass etwas nicht stimmt, und nach und nach öffnet seine Mutter sich ihm gegenüber und zusammen begeben sie sich auf eine Suche, die dabei helfen soll, einen gewissen Frieden mit der Vergangenheit schließen zu können.

Kontur eines Lebens besteht aus kurzen, gut portionierten Kapiteln, die zwischen der Perspektive der jungen und der alten Ida hin- und herspringen und zusammen eine homogene Geschichte formen. Durch den ständigen Perspektivwechsel wird dem Thema die nötige Vielschichtigkeit beigemessen, denn Idas Schwangerschaft und die Folgen haben Auswirkungen auf den Rest ihres Lebens. Immer wieder streut Robben gekonnt Momente ein, die zuerst unbedeutend daherkommen, später aber mit Bedeutung aufgeladen werden. So kommt es beispielsweise zu einer Szene, in der die alte Ida einen jungen Pfleger schlägt. Sofort ist klar, dass ein Waschlappen im Gesicht diese Reaktion ausgelöst hat – warum der Waschlappen diese Reaktion ausgelöst hat, wird aber erst später aufgeklärt. Diese klug gesetzten Momente sorgen für eine gewisse Spannung, wodurch sich ein regelrechter Lesesog entfaltet.

Ein feministischer Roman

Jaap Robben hat die schweren Themen des Romans in kurze, prägnante Sätze verpackt, die das Dargestellte unglaublich klar auf den Punkt bringen und gleichzeitig äußerst eindrücklich sind. Nach wichtigen, einschneidenden Szenen folgen oft nur wenige Worte, die es trotzdem schaffen, all die Gefühlsnuancen einzufangen. Auf den Fausthieb gegenüber dem Pfleger und Idas damit verbundene Scham folgt beispielsweise der Satz: „Grob reibe ich die Schuld aus meinen Augen, aber ich kriege sie nicht weg." Wunderbar sind auch die folgenden Worte: „Meine Mutter schmiss mit ihrem Kummer nur so um sich." Die vielen äußerst natürlich wirkenden Dialoge fördern ebenfalls den Lesefluss und lassen die Figuren lebendig werden.

Kontur eines Lebens ist ein Roman, der äußerst wichtige Themenfelder beleuchtet. Die Erzählung über den Umgang mit unehelichen Schwangerschaften und verlorenen Kindern, aber vor allem mit den betroffenen Frauen ist erschreckend. Welche Traumata dieser Umgang ausgelöst hat, wird durch die Ich-Erzählerin Ida in einer schockierenden Offenheit sehr gefühlvoll aufgearbeitet. Auch das Schweigen, das der jungen Ida von Familie und Gesellschaft auferlegt wurde, und das sie fast bis zum Ende ihres Lebens begleitet hat – ihr Mann Louis wusste nichts von der ersten Schwangerschaft – ist ein zentrales Thema des Romans, denn dieses Schweigen ist eine grässliche Last. Der Roman zeigt auf, wie schlecht es vor wenigen Jahrzehnten noch um Frauenrechte bestellt war und wie wichtig es ist, auch heute noch für sie zu kämpfen.

Der niederländische Autor Jaap Robben hat mit *Schemerleven* vor allem eins gemacht: Er hat als Mann einen feministischen Roman geschrieben. Einen Roman über eine beeindruckend starke Frau, die sich nicht von ihrem Weg abbringen lässt, für die Mutterschaft alle Widrigkeiten in Kauf genommen hat und im hohen Alter die alles bestimmenden Fragen ihres Lebens klärt und ihrer Vergangenheit die Stirn bietet.

Jaap Robben: *Kontur eines Lebens*. Aus dem Niederländischen von
Birgit Erdmann. Köln: DuMont, 2023. ISBN: 978-3-8321-6818-6.

Ilja Leonard Pfeijffer

„Nur was erzählt wird, lebt wirklich"

Ilja Leonard Pfeijffer: *Monterosso mon amour*
Aus dem Niederländischen von Ira Wilhelm

Laurette Artois

Ilja Leonard Pfeijffer, ein Mann der Superlative und ein Schwergewicht der niederländischsprachigen Literatur, lebt seit 2008 in Italien, genauer gesagt in Genua und damit unweit des titelgebenden Monterosso. Obwohl Pfeijffer bereits mehrere Romane und Gedichtbände veröffentlicht hatte, bevor er die Niederlande verließ, wurde er einem breiteren, auch internationalen Publikum erst mit seinem mehrfach preisgekrönten Roman *La Superba* (2013; dt.: *Das schönste Mädchen von Genua*, 2016) bekannt. *La Superba* ist ein vielschichtiger Roman: ein Verwirrspiel mit Spiegelungen und Verdoppelungen zwischen Illusion und Wirklichkeit vor der Kulisse der labyrinthischen, verfallenen Altstadt Genuas. Es ist aber auch eine Geschichte von Emigration und Immigration in einer rauen Hafenstadt und eine literarisch genussvolle Ode an seine Wahlheimat, die in Italien seit dem Mittelalter als ‚La Superba' (dt.: ‚die Stolze', ‚die Ruhmreiche') bekannt ist.

Allegorie der Krise Europas

Auch Pfeijffers monumentaler Europa-Roman *Grand Hotel Europa* (2018; dt.: 2020) präludiert auf *Monterosso mon*

Amour. Einerseits greift er erneut die in Italien alltäglich erlebten Flüchtlingsdramen aus *La Superba* auf, präsentiert sie uns aber als ein von Vergils *Aeneis* inspiriertes Epos. Mit einer italienischen Übersetzung dieses lateinischen Klassikers lernt Abdul, der smarte Piccolo des Grand Hotels, der auch das Buchcover ziert, die Sprache seiner neuen Heimat. Abdul orientiert seine eigene Flüchtlingsgeschichte an der von *Aeneis*, in der Hoffnung, sie so der kafkaesken Bürokratie schmackhaft zu machen. Andererseits liefert uns *Grand Hotel Europa* auch eine teils witzige, teils bissige Kritik am Massentourismus am Beispiel Venedigs. Geradezu urkomisch ist Pfeijffers Einteilung der niederländischen Tourist*innen in acht Kategorien, denen er jeweils einen Namen gibt.

Den Rahmen des 550 Seiten starken *Grand Hotel Europa* bildet die unglückliche Liebesgeschichte des Ich-Erzählers mit einer italienischen Kunsthistorikerin, die den Namen der griechischen Muse der Heldendichtung und Geschichtsschreibung trägt: Clio. Der Erzähler, der wie der Autor heißt und ihm verdächtig ähnlich sieht, versucht seine gescheiterte Liebesaffäre schreibend zu analysieren und zu verarbeiten. Zu diesem Zweck hat er ein Zimmer in einem Grand Hotel aus vergangenen Zeiten gemietet, das mitsamt seinen Gästen, eine allumfassende Metapher für den untergehenden, dekadenten Kontinent Europa ist. Neben Gesellschaftsanalyse und -kritik, poetologischen Reflexionen und einer Liebesgeschichte bietet der Roman auch einen spannenden Kunstthriller, der die aufregende Suche nach einem verschollenen Caravaggio-Gemälde erzählt. Vielfalt der Themen vor einer atemberaubenden italienischen Kulisse, virtuos beschrieben mit einer barocken Feder, gespickt mit sanfter Ironie bis hin zu beißenden Zynismus, das ist das

Erfolgsrezept dieses Bestsellers, der in zwanzig Sprachen übersetzt wurde.

Plädoyer für die Literatur

Dieser Erfolg brachte Pfeijffer den ehrenvollen Auftrag, das ‚Boekenweekgeschenk' 2022 zu schreiben. Jedes Jahr feiern die Niederlande und Flandern die Literatur mit einer besonderen Buchwoche, für die ein namhafter Autor oder eine bekannte Autorin ein Werk von bis zu 98 Seiten schreibt, das es zu jedem Buchkauf ab 15 € kostenlos dazu gibt. Im Jahr 2022, als die Buchwoche unter dem Motto ‚Erste Liebe' stattfand, wurde *Monterosso mon amour*, gedruckt in einer Auflage von über 600.000 Exemplaren, Pfeijffers Buchwochengeschenk. Es war sicher eine Herausforderung für den Mann der Superlative, seine Geschichte derart zu komprimieren (die deutsche – übrigens von Ira Wilhelm hervorragend übersetzte – Piper-Ausgabe von 2022 hat immerhin 142 Seiten). Das Unterfangen ist jedenfalls geglückt, und für alle, die den Autor Pfeijffer noch nicht kennen, ist die Novelle *Monterosso mon amour* der perfekte Einstieg in seine Themen- und Gedankenwelt. Denn hier geht es nicht nur um eine erste Liebe, sondern um viel mehr, nämlich um eine lebenslange Leidenschaft für Literatur. Carmen, die kinderlose Ehefrau eines frustrierten Diplomaten im vorzeitigen Ruhestand, empfindet ihr eigenes Leben als leer und bedeutungslos und findet als ehrenamtliche Bibliotheksmitarbeiterin nur in der Welt der Erzählungen, Befriedigung und Sinn. „Sie fühlt sich alt, weil sie so gerne liest", beginnt das zweite Kapitel. Aber, und da ist sich Carmen mit dem Autor der Novelle einig, die Geschichte muss ein Ende haben, ein gutes oder ein schlechtes. Offene Enden mag sie nicht.

Ganz nebenbei gibt uns Pfeijffer seine eigene Poetik mit auf den Weg: „Die Natur erschafft nur Körper, erst Geschichten machen aus diesen Körpern Menschen".

Ein Verwirrspiel mit Literatur und Wirklichkeit

Wie in vielen seiner Werke tritt der Autor auch hier leibhaftig in Erscheinung, diesmal allerdings nicht als Haupt-, sondern als rahmende Nebenfigur. Carmen hat ihn nämlich zu einer Lesung anlässlich der Buchwoche in ihre Bibliothek eingeladen. Sie hat *Grand Hotel Europa* mit großem Vergnügen gelesen und findet es „ein wunderbares Buch, von den Sexszenen mal abgesehen". Pfeijffer nimmt seinen Kritikern oft mit einem Augenzwinkern den Wind aus den Segeln. Der allwissende Erzähler schildert aus der Sicht Carmens den Auftritt des Dichters am Leseabend wie folgt: „Er ist in vollem Ornat: dunkler Nadelstreifenanzug, glänzende Manschettenknöpfe, barocke Fingerringe, eine zu Strümpfen passende Krawatte inklusive Krawattennadel mit falscher Perle. Er sieht aus wie der Direktor eines Autoscooter-Fahrgeschäfts auf dem Rummelplatz." Ein einziger Blick auf eines der zahlreichen Fotos des Schriftstellers bei Google genügt, um zu wissen, dass es kein Kritiker besser hätte ausdrücken können. Aber Pfeijffer beschränkt sich nicht auf die Beschreibung seines Aussehens: „Mit gespielter Bescheidenheit und einigen meisterhaft getimten selbstironischen Ergüssen camoufliert er seine hyperbewusste Selbstvermarktung." Jeder, der schon einmal einen seiner Vorträge erlebt hat, weiß, dass das stimmt. Als der Gastautor nach seiner Lesung aus *Grand Hotel Europa* die Auswirkungen des Massentourismus kommentiert, und er Monterosso als Negativbeispiel anführt, fühlt sich Carmen plötzlich an den

Ort zurückversetzt, an dem sie als 16-Jährige mit ihren Eltern Urlaub machte und mit einem gewissen Antonio ihre erste Liebesaffäre hatte. Der promovierte Gräzist Pfeijffer drückt es so aus: „Antonio glänzte wie eine Bronzestatue auf dem Sockel, als er aus dem Meeresschaum auf den hohen Felsen kletterte". Nach der Buchwoche mit dem anstrengenden Autor beschließt Carmen aus einer Laune heraus und völlig untypisch für sie, allein eine Woche „à la recherche du temps perdu" nach Monterosso zu fliegen, um sich zu erholen und endlich das Versprechen einzulösen, das sie Antonio damals gegeben hatte: Sie würde wiederkommen. Denn Carmen hasst im Leben wie in der Literatur Geschichten mit offenem Ende: „Ich bin hier, weil die Geschichte noch nicht rund ist." Es ist das Frühjahr 2020 und kaum ist Carmen angekommen, wird Norditalien von einem unheimlichen Virus befallen und vom Rest der Welt abgeschnitten…

Pfeijffer berichtete im Jahr 2020 aus dem Auge des Orkans (Genua) täglich für eine angesehene niederländische Zeitung über die Pandemie in Norditalien, als diese Situation in den Niederlanden noch unvorstellbar war. Diese Berichte wurden im Jahr 2020 gesammelt in dem Band *Quarantaine. Dagboek in tijden van besmetting* (dt.: ‚Quarantäne. Tagebuch in den Zeiten der Ansteckung'). Ein Foto des Autors mit Mundschutzmaske ziert den Umschlag.

Ob Carmen ihre Geschichte zu Ende führen kann, wird hier natürlich nicht verraten. Aber die Geschichte verweist – wie könnte es auch anders sein? – auf zahlreiche Größen der Weltliteratur, etwa Márquez (*Die Liebe in den Zeiten der Cholera*), Thomas Mann (*Tod in Venedig*) und den italienischen Dichter und Nobelpreisträger Eugenio Montale, der lange in Monterosso lebte.

Und weil Geschichten nun einmal „rund" sein müssen und Pfeijffer gerne mit Literatur und Wirklichkeit spielt, sitzt

Carmen nach dem Lockdown im Flugzeug zurück nach Amsterdam neben keinem geringeren als Ilja Leonard Pfeijffer. Bereits auf dem Flughafen von Genua hat sie ihn beobachtet, wie er „sich mit Anzug und sämtlichen Insignien herausgeputzt hat", wie er, „der selbst ernannte Exponent der modernen europäischen Literatur (...) mit seiner Sonnenbrille routiniert an den Wartenden vorbei stolziert". Doch einmal im Flugzeug, „versperrt der große Schriftsteller ihr mit seinem riesigen Kopf und den vielen Haaren die Aussicht" – ein schönes Beispiel für Pfeijffers Selbstironie.

Nach diesem kurzen Abstecher in die Welt der Novelle, hat sich Pfeijffer wieder dem größeren Werk zugewandt. Seinen historischen Roman *Alkibiades* (943 Seiten) über den schillernden, androgynen, brillanten und umstrittenen Athener Staatsmann und Politiker Alkibiades (5. Jh. v. Chr.) hat er in seinem Genueser Palazzo aus dem 16. Jahrhundert geschrieben; der Roman erschien auf Niederländisch 2023. Auch die deutsche Leserschaft darf sich nach dem Aperitif in Monterosso auf den griechischen Hauptgang freuen.

Ilja Leonard Pfeijffer: *Monterosso mon amour.* Aus dem Niederländischen von Ira Wilhelm. München: Piper Verlag, 2022. ISBN: 978-3-492-07174-1.

Sandra Langereis

„Das Spiel des Humanismus"

Sandra Langereis: *Erasmus. Biografie eines Freigeists*
Aus dem Niederländischen von Bärbel Jänicke

Bettina Noak

Lesen, lesen, lesen! Lesen, um ein Mensch zu werden. Lesen, um die Welt mit anderen Augen zu sehen. Lesen, um zu lieben, um zu lachen. Lesen, um zu beten und zu glauben. Lesen, um zu überleben. In ihrer preisgekrönten Biografie des großen Humanisten Erasmus von Rotterdam (1469–1536) erhebt Sandra Langereis diese Kulturtechnik zur grundlegenden Basis all dessen, was uns heute als das Gerüst europäischer Werte erscheint. Sie selbst hat Erasmus' Werke und vor allem seine über 3000 Briefe immer wieder gelesen und für uns erschlossen. Es ist ein monumentales Unterfangen, das sich als aufregende Lebensgeschichte dieses exzentrischen Theologen und Philologen wahrnehmen lässt. Gleichzeitig kann es auch als Studienbuch zur Einführung in die Kultur der Antike, des frühen Christentums, des späten Mittelalters und der Frühen Neuzeit dienen.

Leben des Erasmus

Erasmus von Rotterdam war, so zeigt Langereis, eine sehr vielgestaltige Persönlichkeit. Mit der Wahrheit über seine Lebensgeschichte nahm er es persönlich nicht immer gar so genau. Der Grund dafür lag in seiner Herkunft: Er wurde vermutlich 1469 in Rotterdam als Sohn des Priesters Gerard Heliaszoon geboren und hatte noch einen drei Jahre älteren Bruder, Pieter. Seine Eltern hatten demnach im Konkubinat gelebt, was für ihn und seinen Bruder eine schwere Last bedeutete. Priesterkinder hatten eigentlich kein Recht auf ihr väterliches Erbe, sie durften keine kirchlichen Ämter bekleiden und nicht selbst zum Priester geweiht werden. So die Theorie. In der Praxis lagen die Dinge anders. Beide Brüder traten in Klöster der Augustinerchorherren ein, Erasmus empfing 1492 die Priesterweihe, später erhielt er sehr wohl kirchliche Ämter. Dennoch blieb er sein Leben lang durch diesen Geburtsmakel verunsichert. Selbst der 1516 durch Geld und gute Verbindungen erkaufte Dispens durch Papst Leo X. (1475–1521), der seine illegitime Geburt für nichtig erklärte und ihm alle bisherigen kirchlichen Vergünstigungen garantierte, beruhigte Erasmus nicht. Er verfasste 1524, 1525 und 1529 eigene Lebenserzählungen, die, wie Langereis nachweist, verschiedene Nuancen seiner Biografie wiedergeben, ohne jeweils die ganze Wahrheit, was immer darunter zu verstehen sein mag, zu zeigen.

Erasmus' Erzählung lautete in etwa so, dass er, der mit vierzehn Jahren schon Vollwaise war, durch barbarische und heimtückische Lehrer und Vormünder zum Klostereintritt gezwungen und von seiner eigentlichen Bestimmung, dem Studium der antiken Literatur, abgehalten werden sollte. Mit einigen Gleichgesinnten widersetzte er sich schon in seiner Zeit als Mönch den rückwärtsgewandten Einflüssen seiner Umgebung, sei es im Kloster oder als Student der Theologie in Paris. Heldenhafte Arbeitsleistung und unermüdliche Forschungen zur antiken Literatur brachten ihm schließlich den wohlverdienten Ruhm ein, der anerkannteste Schriftsteller Europas zu sein, den man sowohl an den Höfen Kaiser Karls V. (1500–1558) als auch Heinrichs VIII. (1491–1547) von

England hoch schätzte, bis die unversöhnlichen Kämpfe der frühen Reformationszeit ihn – ausdrücklich gegen seinen Willen! – in ihren Strudel zogen und ihm das Alter vergällten.

Sandra Langereis lässt uns dieses Leben durch Erasmus' Briefe erfühlen, die trübgraue Welt des Klosters mit dem abstoßenden Fischgeruch der Fastentage, die vielen Aufenthalte in England, dem Erasmus' ganze Liebe gehörte, die anrührende Freundschaft zu Thomas Morus (1478–1535), seinem „zweiten Ich", diesem humorvollen, pragmatischen, treuen Gefährten, der die antike Literatur ebenso schätzte wie Erasmus und der es allein vermochte, seinem unsteten Freund so etwas wie ein Zuhause zu geben. Vor allem aber: Sie zeigt diesen großen Wissenschaftler bei der Arbeit. Sie beschreibt seine Jagd nach antiken Texten, eingeschrieben in mittelalterliche Handschriften, seinen Kampf um die Wiederbelebung des Lateinischen und des Griechischen für Europas Jugend und seine rastlose Tätigkeit in den Druckereien, die seine Werke auf den Markt brachten. Ihre Biografie strukturiert sie anhand des Motivs des „Spiels": Das heitere Spiel im Sinne der antiken Komödie eines hochbegabten jungen Mannes, das literarische Gesellschaftsspiel im Kreise von Gleichgesinnten des arrivierten Autors und schließlich das Drama um die richtige Theologie des alternden Schriftstellers, dem seine Lebensruhe zum Opfer fiel.

Die *Adagia* und das *Lob der Torheit*

Erasmus widmete demnach sein Leben zuerst dem Studium der antiken Literatur, den lateinischen und griechischen Klassikern. Es gehörte zum Spiel der Humanisten, ihren literarischen und gelegentlich auch politischen Marktwert zu steigern, indem sie behaupteten, nur sie allein hätten die

Antiken gegen den Widerstand einer „barbarischen, mittelalterlich-scholastischen" Welt wieder ans Licht geholt. Seit der Mitte des 20. Jahrhunderts hat die historische Forschung belegt, dass die Humanisten nicht ganz so revolutionär waren und der Übergang vom Spätmittelalter in die Frühe Neuzeit nicht ein gar so großer Epochenbruch. Erasmus beherrschte dieses Spiel, wie Sandra Langereis nachweist, bis zur Vollendung. Langereis' Buch reißt uns hinab in den Strudel der Begeisterung, mit der Erasmus und seine Freunde die antiken Schriftsteller nicht nur lasen, sondern sie als Grundlage einer erneuerten europäischen Bildung erschlossen. Sie schufen den Kanon, mit dem Europas bildungshungrige Jugend bis weit ins 20. Jahrhundert hinein aufwuchs.

Ein Beispiel dafür ist Erasmus' Sammlung und Kommentierung antiker Sprichwörter und Redewendungen, die unter dem Titel *Adagia* bekannt wurde. Sein ganzes Leben lang hat er dieses Werk bearbeitet und erweitert, bis es schließlich über 4000 Einträge enthielt (Ausgabe 1533). Die Titelbeschreibung des sehr einflussreichen Druckes von 1508 ist in Form eines Kelches gesetzt, den man Freunden zum Trunke reichte. Genau dieses Bild passt nicht nur zu den Humanisten selbst, die sich in ihren Briefen und Begegnungen gegenseitig zu einem immerwährenden Gastmahl antiker Kultur und Lebensart einluden. Überhaupt gehören Lesen, Lachen – und Trinken! – in diesem humanistischen Gesellschaftsspiel zusammen. Sandra Langereis gelingt es außerdem, diesen Rausch der Freude am antiken Wissen und antiken Humor mit allen zu teilen, die mit ihrem Erasmus an diesem Symposion teilnehmen möchten.

Sein bekanntestes Werk ist das *Lob der Torheit*, das 1509 entstand (erstmals gedruckt 1511) und seinem Freund Thomas Morus gewidmet war. Erasmus lässt in dieser satirischen Lobrede die Torheit selbst zum geneigten Publikum spre-

chen. Sie wird als die mächtigste aller olympischen Gott-
heiten vorgestellt, denn regiert sie nicht die Welt? Alle welt-
lichen Stände, alle kirchlichen und politischen Machthaber
gehorchen ihrer zwar gnädigen, aber unausweichlichen Herrschaft, die sie gemeinsam mit ihren Töchtern Eigenliebe,
Schmeichelei, Vergesslichkeit, Faulheit und Lust ausübt. Es
überrascht nicht, dass gerade die politischen und kirchlichen
Amtsträger, die das Lachen über ihr eigenes Fehlverhalten
am nötigsten gebraucht hätten, gegen die Schrift und ihren
Autor zu Felde zogen.

Das Neue Testament

Das *Lob der Torheit* endet mit einer unerwarteten Wen-
dung: „Die christliche Religion hat allem Anschein nach eine
innige Verwandtschaft mit der Torheit und recht wenig mit
der Weisheit gemeinsam". Humorlose Gegner des Erasmus
vergaßen gern, dass es sich hier um ein Spiel mit der Ironie
handelte, denn es war ja die Torheit, die diesen Satz sagte.
Konnte sie wirklich beim Wort genommen werden? Waren
Christus und die Apostel, die „keinen Unterschied zwischen
Freund und Feind" anerkennen wollten, gar selbst töricht
gewesen? Sandra Langereis entwickelt die Lebensgeschichte
ihres Helden in beeindruckender Weise aus dem heiteren
Spiel vor dem Hintergrund antiker Literatur heraus zum
Drama des Kampfes um die sprachlichen Grundlagen bib-
lischer Überlieferung, vor allem des Neuen Testaments. Hier
nun wird das Schauspiel tatsächlich ernst.

Seit dem Beginn seiner wissenschaftlichen Laufbahn
hatte Erasmus sich mit den Schriften des Kirchenvaters
Hieronymus (348/49–420) auseinandergesetzt, seine Werke alten Handschriften entrissen, ediert und kommentiert.

Hieronymus, der maßgebliche Schöpfer der lateinischen Bibelübersetzung *Vulgata*, war Erasmus ein Vorbild darin, die Bibel in ihren Ursprachen Hebräisch und Griechisch zu studieren und aufgrund eigener sprachwissenschaftlicher Forschungsergebnisse genau und notfalls ohne Rücksicht auf bestehende Traditionen zu übersetzen. Diese sprachwissenschaftliche Herangehensweise erhob auch Erasmus zur Grundlage seiner Theologie. Er schuf eine Neuausgabe des Neuen Testaments im griechischen Urtext, so wie er ihn aus mittelalterlichen Handschriften seinem damaligen Wissensstand gemäß rekonstruieren konnte. Daneben druckte er eine eigene Überarbeitung der lateinischen *Vulgata* ab, die in vielem von der seines Lehrers Hieronymus abwich, wodurch Erasmus sein Vorbild ehrte, indem er Hieronymus' Methode anwandte, ohne dessen Worte sklavisch zu wiederholen. Auch der Titel dieser zweisprachigen Ausgabe des Neuen Testaments von 1516 ist in Form eines Kelches gesetzt – nun aber ist es der Kelch des Heils, der demjenigen zuteil wird, der Christi Worte in ihrer ursprünglichen Gestalt und Bedeutung lesen kann. Der Theologe Erasmus war damit an seinem Ziel angekommen.

Der Rest ist Schlussakt. Wie Sandra Langereis beschreibt, geriet Erasmus gegen seinen Willen in die Auseinandersetzungen um kirchliche Rechtgläubigkeit hinein, vor allem nach dem Beginn der Reformation 1517. Seine Werke kamen nach seinem Tod schließlich im Jahr 1559 auf den berüchtigten katholischen Index der verbotenen Bücher. Gleichzeitig wurde er auch von protestantischer Seite scharf angegriffen. Langereis zeigt, dass Martin Luther (1483–1546) und Erasmus sich nie wirklich wohlwollend gegenüberstanden, schon lange bevor sie ihren berühmten publizistischen Streit über die Willensfreiheit in den Jahren 1524/1525 ausfochten. Beide wollten einander nicht verstehen. Erasmus hielt den

Luther für einen wissenschaftsfeindlichen Barbaren, Luther den Erasmus für einen im Grunde unfrommen Mann, dem menschliche Dinge mehr als göttliche bedeuteten. Die erste große, 1924 erschienene Erasmusbiografie des niederländischen Historikers Johan Huizinga (1872–1945) stellt Fehler und Verdienste beider Männer ausgewogen ins Licht und baut damit eine willkommene Brücke zwischen Erasmusfreunden und -gegnern.

Die Biografie von Sandra Langereis endet jedoch mit einem anderen Drama, der Hinrichtung des Thomas Morus wegen Hochverrats im Jahr 1535. Überraschend ausführlich wird dieser Akt der Grausamkeit an einem Mann beschrieben, der seinem Gewissen mehr gefolgt war als dem Befehl seines Königs. War das Torheit? Erasmus, so Langereis im Schlusssatz, starb nicht als Märtyrer, sondern als Mensch in seinem eigenen Bett. War das Weisheit? Vielleicht müssen wir uns gar nicht entscheiden, wir können es auch nicht. Eins sollten wir auf jeden Fall: Langereis' Buch und die Werke des Erasmus lesen, lesen, lesen!

Sandra Langereis: *Erasmus. Biografie eines Freigeists*. Aus dem Niederländischen von Bärbel Jänicke. Berlin: Propyläen, 2023. ISBN: 978-3-549-10064-6.

Titelseite *Van Reyneken Vosse dem Olden, syner mennichvoldigen lyst und behendicheyt [...]*. Frankfurt am Main: Cyriacus Jacob, 1550 (Exemplar: Antwerpen, The Phoebus Foundation)

„Der Stoff ist ja von gestern und heut'!"

Van den vos Reynaerde
Aus dem Mittelniederländischen von Rita Schlusemann

Irmgard Fuchs

Van den vos Reynaerde (dt.: ‚Über den Fuchs Reynaert') zählt
zu den großen Klassikern der niederländischen Literatur. Die
Tiergeschichte, verfasst in mittelniederländischer Sprache,
ist als freie Bearbeitung einer französischsprachigen Vorlage
um die Mitte des 13. Jahrhunderts in Ostflandern (Belgien)
entstanden. Von dort aus gelangte sie in das Gebiet der heutigen Niederlande, wo sie im 14./15. Jahrhundert mit *Reynaerts
historie* eine Fortsetzung erhielt. Diese Erzählung bildet
die Grundlage für zahlreiche später entstandene Erzählungen vom Fuchs Reynaert, zum Beispiel der niederdeutsche
Reynke de Vos, 1498 in Lübeck erstmals als Druck erschienen, oder Goethes *Reineke Fuchs* aus dem Jahr 1794, der in
zahlreiche Sprachen übersetzt wurde. Hierdurch erlangte
die Geschichte vom listigen Fuchs auch außerhalb Europas
große Bekanntheit. Heute ist sie fester Bestandteil der Weltliteratur.

Literarische Tradition

Van den vos Reynaerde steht als Tierepos in einer langen und
einflussreichen Erzähltradition; zugleich ist die Geschichte
auch Teil einer noch wesentlich älteren literarischen Tradi-

tion von Tiererzählungen, die bis in die vorchristliche Zeit zurückreicht. In einer äsopischen Fabel aus dem 6. Jahrhundert vor Christus wird von einem Löwen erzählt, der krank in seiner Höhle liegt. Alle Tiere besuchen ihn, nur der Fuchs fehlt. Der Wolf behauptet, der Fuchs komme nicht, weil er den Löwenkönig verachte. In diesem Moment erscheint der Fuchs. Er schlägt dem Löwen eine Medizin vor, die ihn heilen soll: Man müsse einem Wolf das Fell abziehen und mit diesem noch warmen Fell den Bauch und die Rippen des Löwen einwickeln. Mit dieser List rächt sich der Fuchs an seinem Erzfeind. Diese Begebenheit wurde im Laufe der Jahrhunderte aufgegriffen, wiedererzählt und weitererzählt und gelangte über Zwischenstufen zu Willem, dem flämischen Dichter von *Van den vos Reynaerde*. Er schuf aus verschiedenen literarischen Quellen eine ganz eigene Erzählung.

Sie handelt vom Löwen Nobel, dem König eines Tierreichs, der eine Versammlung einberufen hat: Alle Tiere des Reiches haben am Königshof zu erscheinen. Der Einzige, der dem Hof fernbleibt, ist der Fuchs Reynaert. Kein Wunder, denn er wird von mehreren Tieren angeklagt: Der Wolf wirft Reynaert vor, die Wölfin vergewaltigt zu haben. Das Hündchen klagt, dass er ihm eine Wurst gestohlen habe. Der Biber beschuldigt Reynaert, den Hasen angegriffen und beinahe ermordet zu haben. Der Dachs verteidigt jedoch den Fuchs, der zugleich sein Neffe ist. Die Verteidigung scheint erfolgreich zu sein. Dann erscheinen allerdings die Hühner am Hof. Sie präsentieren die leiblichen Überreste einer Henne, die von Reynaert ermordet wurde. Die Schuld des Fuchses ist nun unbestreitbar.

Nacheinander werden nun drei Königsdiener ausgesandt, um den Fuchs vor Gericht zu bringen. Die ersten beiden Versuche scheitern. Sowohl der Bär als auch der Kater werden von Reynaert in eine Falle gelockt. Sie konnten dem verlockenden Angebot von Honig und Mäusen nicht widerstehen. Erst dem Dachs gelingt es, den Fuchs an den Hof zurückzubringen. Dort wird Reynaert zum Tode verurteilt.

Reynaert bittet um die Erlaubnis, eine öffentliche Beichte abzulegen. Er erwähnt beiläufig einen kostbaren Schatz (den es in Wirklichkeit nicht gibt) und erzählt von einem Staatsstreich, den die Königsdiener angeblich geplant haben. Der König ist bereit, Reynaert zu verzeihen, falls er ihm sagt, wo sich der Schatz befindet. Nach der Begnadigung verlässt der Fuchs unter dem Vorwand, auf eine Pilgerreise zu gehen, den Königshof, und zwar in Begleitung von Widder und Hase. Bei der Fuchshöhle ermordet Reynaert den Hasen. Er versteckt dessen Kopf in der Pilgertasche, die er zusammen mit dem Widder zurück an den Königshof schickt. Während Reynaert zusammen mit Frau und Kindern das Weite sucht, entdeckt der König am Hof den Hasenkopf. Ein fürchterliches Löwengebrüll ist zu hören. König Nobel schließt Frieden mit den unrechtmäßig beschuldigten Königsdienern und erlaubt ihnen, die Widder und die Füchse anzugreifen, ohne dafür bestraft zu werden. Es scheint, als wären am Königshof Friede und Gerechtigkeit wiederhergestellt.

Faszination Reynaert

Diese Geschichte vermag seit Jahrhunderten Klein und Groß zu faszinieren. Was aber macht die Erzählung so fesselnd und erfolgreich? Rita Schlusemann geht in der Einleitung ihrer ansprechenden und getreuen Übersetzung näher auf die Redetechnik des Fuchses und die Kraft der ‚schönen Worte' ein, mit der Reynaert seine Gegner zu täuschen vermag. Es gibt aber noch mehr Gründe, warum *Van den vos*

Reynaerde als ein Meisterwerk der mittelalterlichen Literatur zu bezeichnen ist. Ich beschränke mich hier auf zwei.

Auffällig ist zunächst, dass Tiere (und nicht Menschen) die Protagonisten sind. Diese Tiere besitzen die Fähigkeit, sich wie Menschen zu verhalten: Sie können sprechen, denken, fühlen und sogar wie Menschen argumentieren. Die Szene, in der der erste Königsdiener den Fuchs an den Hof holen will, ist ein gutes Beispiel: Als Reynaert die Stimme des Bären erkennt, zieht er sich sofort in den dunkelsten Teil seiner Höhle zurück. Dort überlegt er viele Möglichkeiten, „welchen Plan er schmieden könnte, mit dem er den gefräßigen Brün verspotten und selbst seine Ehre behalten könnte". Das Verhalten der Tiere ist zudem geprägt von primären Trieben: Sie sind hungrig, verlangen nach Nahrung und verwenden, um ein Ziel einfacher und schneller erreichen zu können, auch Listen. Die Tiere folgen dabei ihrem Verlangen und Begehren und nicht moralischen Normen. So lässt der Bär, der vom König den Auftrag erhalten hat, den Fuchs an den Hof zu bringen, sich vom Fuchs, der von Brüns Schwäche für guten Honig weiß, verführen, wodurch er seine Pflicht als Königsdiener vergisst. Ein anderes Beispiel ist ersichtlich beim Löwenkönig. Der verurteilte Fuchs will den Ort, an dem der kostbare Schatz begraben liegt, nur verraten, wenn der König ihn als Gegenleistung begnadigt und freispricht. König Nobels Verlangen nach materiellen Werten ist so groß, dass er eigenmächtig – das heißt, ohne seine Ratgeber zu konsultieren – der Forderung des Fuchses nachkommt und seine Aufgabe als gerechter Richter vernachlässigt. Solche Instinkte besitzen auch Menschen. Sie geben zwar vor, ethischen Normen und Werten wie Gerechtigkeit und Wahrheit zu folgen, verhalten sich jedoch oft habgierig und eigennützig. Tierfiguren eignen sich also sehr gut, um Eigenschaften und Verhaltensweisen von Menschen zu thematisieren und zu kritisieren.

Meisterhaft an *Van den vos Reynaerde* ist zum anderen die Kritik an gesellschaftlichen Zuständen. Im Mittelalter wird das Verhältnis zwischen dem König und seinen treuen Dienern in der sogenannten höfischen Dichtung zum Thema gemacht. In Ritterromanen wird dieses Verhältnis oftmals idealisiert dargestellt. In *Van den vos Reynaerde* dagegen wird dasselbe Verhältnis auffallend kritisch beleuchtet. Diese Kritik richtet sich insbesondere an Könige und Diener in hohen Machtpositionen, die eigene Bedürfnisse höher werten als das allgemeine Wohl der Gesellschaft und nach Macht, Besitz und Reichtum oder persönlichen Vorteilen streben. Durch ihre Selbstüberschätzung vernachlässigen sie ethische Werte. Nicht Recht, Gerechtigkeit und das ethisch Gute, sondern Macht, Eigennutz und materielle Werte regieren die Welt.

Der Erzähler von der Fortsetzung *Reynaerts historie* äußert sich übrigens auf sehr ähnliche Weise. Seine Kritik bezieht sich allerdings auf die sozialkulturellen Entwicklungen während der burgundischen Zeit. Damals bestand das Bedürfnis, den Verwaltungsapparat von oben wie von unten zu beeinflussen: Der Fürst brauchte Beamte, die seine Politik unterstützen; umgekehrt ernannte er Günstlinge in höhere Positionen. Man bot auch Geschenke und Schmiergelder und versuchte dadurch, ein gutes Verhältnis zu den Beamten zu schaffen oder ein solches aufrechtzuerhalten. Eine solche kritische Haltung ist später auch in Goethes *Reineke Fuchs* spürbar. Goethe bezieht sich aber auf die politischen Verhältnisse seiner Zeit, der französischen Revolution. In der Figur des Fuchses kreiert er einen erfolgreichen Protagonisten des Ancien Régime, dem es durch seine Intelligenz und ohne Skrupel gelingt, an die Spitze des Staatswesens aufzusteigen. Zugleich ist dieser Außenseiter ein Aufsteiger, der neue Typus des Erfolgsmenschen, der die Umstände für seinen Aufstieg auszunutzen weiß.

Der Erzählstoff eignet sich offenbar hervorragend, um das Verhalten von Menschen in hohen Machtpositionen kritisch zu beleuchten. Von der Möglichkeit, diese Geschichte einer aktuellen Situation anzupassen, war bereits Goethe beeindruckt. Hierzu schrieb er voller Staunen: „Vor Jahrhunderten hätte ein Dichter dieses gesungen? Wie ist das möglich! Der Stoff ist ja von gestern und heut'!"

Bleibt abschließend die Frage: Wie würden Sie im Jahre 2024 *Van den vos Reynaerde* erzählen? Wem würden Sie die Rolle des eigennützigen und habgierigen Machthabers geben? Wem die Rolle des listigen und untreuen Aufsteigers?

Van den vos Reynaerde. Nach der ältesten vollständigen Handschrift herausgegeben und übersetzt von Rita Schlusemann. Stuttgart: S. Hirzel Verlag GmbH, 2022. ISBN 978-3-7776-3052-6.

Caroline de Gruyter

„Ein einziges Herantasten"

Caroline de Gruyter: *Das Habsburgerreich – Inspiration für Europa? Eine Spurensuche*
Aus dem Niederländischen von Leopold Decloedt

Emmeline Besamusca & Christine Hermann

Auf den ersten Blick könnte man den Eindruck gewinnen, es handle sich hier lediglich um ein weiteres ‚Habsburgerbuch'. Auf der Titelseite der deutschen Fassung blickt Kaiserin Elisabeth von Österreich (besser bekannt als Sisi) die Leser*innen huldvoll lächelnd an, während die österreichische Kaiserkrone über dem Buchtitel schwebt – unverkennbare Hinweise auf das Habsburgerreich. Erst bei näherem Hinsehen sind in dem scheinbar abstrakten Hintergrund die Konturen Europas zu erkennen. Aber genau dieses Europa bzw. die Europäische Union ist das Thema Caroline de Gruyters.

Als Korrespondentin und Kolumnistin, u. a. für die niederländische Tageszeitung *NRC* befasst sich De Gruyter bereits seit vielen Jahren mit Europa, den großen Themen auf der europäischen Agenda und den Herausforderungen für die EU. Für ihre klaren Ausführungen wurde sie mehrmals ausgezeichnet. In der hier vorliegenden *Spurensuche* erkundet sie Parallelen zwischen dem Habsburgerreich und der EU, um dadurch neue Einsichten in die Funktionsweise der EU zu gewinnen. Schließlich stehen beide für einen Verbund mehrerer Nationen mit unterschiedlichen sprachlichen und kulturellen Identitäten und oft entgegengesetzten Interessen oder Wertvorstellungen.

Man darf also kein historisches Sachbuch erwarten: es geht nicht um Entstehung, Blütezeit und Untergang der Habsburger. Vielmehr wird hier das Habsburgerreich mit einer ganz konkreten Fragestellung betrachtet: was kann das heutige Europa vom Habsburgerreich – das immerhin 600 Jahre Bestand hatte – lernen?

Flanieren

De Gruyters Suche beginnt in Wien, ohne einen vorgefassten Plan, als ein – wie sie es nennt – „einziges Herantasten", als „eine impressionistische, persönliche Suche, bei der sich manche Türen öffnen und manche nicht". Ohne erkennbare Struktur streift sie durch die Stadt und lädt uns ein, ihr zu folgen. Das Buch spiegelt ihre Streifzüge wider, nicht nur inhaltlich, sondern auch in der Form: ihre Spurensuche ergibt kein geordnetes Ganzes. Der Stil ist assoziativ, eine Aneinanderreihung von Anekdoten, Erlebnissen, persönlichen Eindrücken und Hintergrundinformationen. In diesem „Herantasten" werden den Leser*innen kaum Orientierungspunkte angeboten – die einzelnen Kapitel sind lediglich durchnummeriert und tragen keine Titel. Die Leser*innen wissen also nicht, was sie dabei erwartet, sie sind aufgefordert, sich auf diese Schreibweise einzulassen. Dabei sind sie dann nicht an eine lineare Lektüre gebunden, sondern können nach Belieben durch das Buch bummeln, mal hier und mal dort einen Absatz lesen, um dann zu einem anderen Kapitel zu springen. Man flaniert also mit der Autorin durch Wien, durch Mitteleuropa – und durch den Text.

Fast durchgängig im Präsens erzählt, in der Art eines inneren Monologs, spiegelt der Text persönliche Gedankengänge, Reflexionen und Fragen. Das erzählende Ich verschmilzt mit dem erlebenden Ich der Verfasserin, und die Leser*innen sind eingeladen, ihrem Blick zu folgen. De Gruyter lässt sie teilhaben an ihren persönlichen, subjektiven Eindrücken, die kurzweilig sind, aber oft zu apodiktischen, gelegentlich im Stil an Thomas Bernhard erinnernden Aussagen verallgemeinert werden: „das ist typisch österreichisch", „Alles in diesem Land ist ein Spiel von Schein und Sein." Dass ihrer Meinung nach in Wien „der habsburgische Geist noch kräftig spürbar" sei, ist nicht verwunderlich, angesichts der vielen Schlösser und Palais auf ihrer Route. Und der vielen Kaffeehäuser, denn „das soziale Leben in Wien spielt sich immer noch zu einem wichtigen Teil in Kaffeehäusern ab", meint sie.

Damit fügt sich das Buch mühelos in das bekannte, stereotype Bild von Wien als Stadt von Schönbrunn, Sisi und Sachertorte ein. Auch viele der (Privat-) Fotos, die den Text illustrieren, entsprechen diesem Bild – als wollte De Gruyter ihrem Lesepublikum mit der visuellen Bestätigung eines Wien-Bildes, das man im Ausland auch aus dem eigenen Reisealbum kennt, die beruhigende Gewissheit vermitteln, dass dies hier alles wirklich so sei. Das Sisi-Bild auf dem Cover fungiert sogar als Klischee im ursprünglichen Wortsinn: eine Druckform zur Vervielfältigung. Es bildet nämlich die beim Eingang des Wiener Sisi-Museums befindliche Pappfigur ab, die selbst wiederum – seitenverkehrt – das berühmte Staatsporträt von Franz Xaver Winterhalter (1865) wiedergibt, für das Kaiserin Elisabeth in Galarobe mit Diamantsternen als Majestät posiert.

Auf Spurensuche

Zwischen persönlichen Eindrücken und Reflexionen sind geschickt geschichtliche Informationen über die Habsburger eingestreut. Schon auf den ersten Seiten treffen die Leser*innen – wie könnte es auch anders sein – auf Sisi und Franz Joseph. Danach tauchen noch andere historische Habsburger auf. Ein prominenter Platz kommt Otto von Habsburg (1912–2011) zu, dem letzten Habsburger, der als Kronprinz geboren und als zukünftiger Kaiser vorgesehen war und der schließlich ein überzeugter, engagierter Europäer wurde: 20 Jahre lang (1979–1999) war er für die CSU Mitglied des Europäischen Parlaments – die personifizierte Verbindung zwischen dem Habsburgerreich und der Europäischen Union.

Otto von Habsburg hätte also auch in *De Europeanen. Leven en werken in de hoofdstad van Europa* (2006; dt.: ‚Die Europäer. Leben und arbeiten in der Hauptstadt Europas') Eingang finden können. In diesem früheren, bislang nicht übersetzten Werk vermittelt De Gruyter anhand einiger persönlicher Porträts von Europäern im heutigen Brüssel – Kommissionsfunktionäre, Beamte, Lobbyisten und Idealisten – faszinierende Einblicke in die Funktionsweise der EU. Diese EU-Bediensteten, die oft als „neue Elite" angesehen werden, zeigen sich, ebenso wie die Adeligen der Habsburgerzeit, als transnational orientiert. Durch ihr Arbeits- und Lebensumfeld im multikulturellen und mehrsprachigen Brüssel entwickeln sie eine gewisse Distanz zu ihrem Herkunftsland, bleiben aber zugleich auch auf Abstand zum Brüssel der anderen Brüsseler.

Auf vergleichbare Weise sucht De Gruyter jetzt eine Annäherung an das Habsburgerreich durch Gespräche mit Menschen, die dazu eine persönliche Beziehung haben. Sie trifft eine beeindruckend große Zahl noch lebender Angehöriger des Hauses Habsburg und anderer Aristokraten in Mitteleuropa. Diese Begegnungen nehmen die Leser*innen mit in eine exklusive Welt der Europäer von damals und erlauben fesselnde Einblicke in das Adelsleben im Habsburgerreich:

die Welt der trans-europäisch verzweigten und vernetzten Adelsfamilien mit Palais, Privatbesitz und Privilegien. Diese unterhaltsam geschilderte, exklusive Welt ist für viele Wiener*innen heutzutage eine fremde Welt, genauso wie die Welt der Europäer in Brüssel für viele Einwohner*innen Brüssels eine eher unbekannte Realität darstellt. Die Frage der Restitution von Grundbesitz im ehemaligen Habsburgerreich betrifft wohl kaum jede*n der Einwohner*innen des heutigen Wiens, obwohl die Autorin behauptet: „Eine Freundin von mir ist schon seit Jahren damit beschäftigt, im Namen ihrer Familie Besitztümer in Tschechien zurückzubekommen. […] In Wien hat jeder Geschichten wie diese." Ihre Schlussfolgerung „Das war damals so. Und das ist heute immer noch so" ist also etwas zu kurz gegriffen.

Habsburgische k. (u.) k.-Nostalgie

Als Zeitzeugen und Gewährsleute zieht De Gruyter auch einige (verstorbene) österreichische Schriftsteller heran. Von ihr als „Chronisten des Habsburgerreiches" bezeichnet, sind sie eher Chronisten seines Untergangs, Chronisten einer versunkenen Welt, einer „Welt von Gestern". Die Werke von Joseph Roth (*Radetzkymarsch, Die Kapuzinergruft, Hotel Savoy*), Stefan Zweig (*Die Welt von Gestern*) und Robert Musil (*Der Mann ohne Eigenschaften*) sind durch eine positive Bewertung der Habsburgermonarchie gekennzeichnet.

Alle diese Schriftsteller mussten übrigens aufgrund des aufkommenden Nationalsozialismus emigrieren; einige der zitierten Romane wurden im Exil geschrieben. Selbst die schon früher verfassten Werke entstanden in einer Atmosphäre der Orientierungslosigkeit und Unsicherheit nach 1918. In dieser Gemütsverfassung wird die Rückwendung zur habsburgischen Zeit, die Sehnsucht nach der alten Ordnung mit ihren Sicherheiten, durchaus verständlich. Auch das „Kakanien" Robert Musils, diese oft zitierte ironische Charakterisierung der Habsburger-(Doppel-)Monarchie mit Bezug auf die doppeldeutige Abkürzung k.(u.)k. (für kaiser-königlich bzw. kaiser-und-königlich), war durchaus positiv gemeint als ein „Weg dazwischen" – unvollkommen, langsam, zwiespältig und gerade durch diese Kontinuität und mäßigende Ordnung ein „Erfolgsrezept" (vgl. Andreas Stupka: *Musils Kakanien*, 2014).

Als der Verfasser von Lobgesängen auf das habsburgische Vaterland schlechthin gilt unter Literaturhistorikern Franz Grillparzer. Er preist eine maßvolle Mittelmäßigkeit und befürwortet harmonische Statik gegenüber neumodischer Dynamik, die zum Zusammenbruch sicherer Traditionen führen würde. In seiner Charakterisierung der Habsburgerpolitik im Drama *Ein Bruderzwist in Habsburg* (1848; „Auf halben Wegen und zu halber Tat / Mit halben Mitteln zauderhaft zu streben") sieht De Gruyter einmal mehr eine Parallele zwischen Habsburgerreich und EU: dass sie „immer nur halbe Sachen machen, immer halb fertig" seien, sei „ein Fluch, der zugleich auch irgendwie ein Segen" sei, konstatiert sie.

Fortwursteln

Die genannten Autoren behandeln in ihren Werken etwas, das Claudio Magris in seiner einflussreichen gleichnamigen Studie den „habsburgischen Mythos in der modernen österreichischen Literatur" (1966) nennt. Nach Magris wird dieser habsburgische Mythos von drei Elementen gekennzeichnet. Zum Ersten konstatiert er ein der Übernationalität geschuldetes „Fortwursteln", um den Vielvölkerstaat zusammenzuhalten: Verzögern, Ausweichen, Nichthandeln. Im „Fortwursteln" erkennt De Gruyter wiederum eine deutliche Parallele zu der EU – sowie auch das Akzeptieren, dass es „nie fertig", „nie perfekt" sein werde. Diesen Gedanken vermittelt auch der niederländische Originaltitel ihres Buches: *Beter wordt het niet* (dt.: ‚Besser wird es nicht').

Das zweite Element des habsburgischen Mythos ist, laut Magris, die positiv gesehene bürokratische Ordnung (mit der dazugehörigen Hierarchie) der Monarchie, und das dritte der genussfreudige Hedonismus der habsburgischen Untertanen: Kaffeehäuser, Theater, Walzer und Wein. Eben diese Elemente kennzeichnen auch die Spurensuche De Gruyters. Sie tauchen als Leitmotive inhaltlich ständig auf und spiegeln sich auch in ihrer Erzählweise: das ziellose Flanieren, die Verallgemeinerung als Versuch eines (Ein-)Ordnungssystems, und die Lust an der Sprache in den anschaulichen Schilderungen von Orten, Personen und Atmosphäre.

So liefert die Welt von gestern Einsichten für die Welt von morgen und es werden geschichtliche Ereignisse (Habsburgerzeit) zur Deutungsfolie für die Gegenwart (EU). Aber inspiriert die Gegenwart nicht auch neue Fragen an die Vergangenheit?

Caroline de Gruyter: *Das Habsburgerreich – Inspiration für Europa? Eine Spurensuche.* Aus dem Niederländischen von Leopold Decloedt. Wien: Böhlau Verlag, 2022. ISBN 978-3-205-21484-7.

Lisa Weeda

„Wir sind auf zerrissenem Boden geboren"

Lisa Weeda: *Aleksandra*
Aus dem Niederländischen von Birgit Erdmann

Lut Missinne

„Ich bin so kühn zu sagen, dass wir die Chance verpasst haben, die wir in den 90er Jahren hatten. Die Frage, was für ein Land wir wollen, ein starkes oder ein menschwürdiges, in dem jeder gut leben kann, wurde zugunsten der ersten Antwort entschieden: Ein starkes Land. Es herrscht wieder eine Zeit der Stärke. Russen kämpfen gegen Ukrainer." Diese Worte aus der Dankesrede von Swetlana Alexijewitsch für den Literaturnobelpreis 2015 hat Lisa Weeda als Motto für ihren autobiographischen Debütroman *Aleksandra* ausgewählt. Als die niederländische Schriftstellerin (*1989) mit ukrainischen Wurzeln das Buch geschrieben hat, herrschte in der Ukraine noch kein Krieg. Die aktuellsten Geschehnisse innerhalb der Erzählung fanden im Jahr 2014 statt, als pro-russische Separatisten die Volksrepublik Lugansk ausriefen, dessen Unabhängigkeit nur von Russland anerkannt wurde. Die Geschichte von Weedas Vorfahren nahm vor einem Jahrhundert in der Ostukraine ihren Anfang, wo der Urgroßvater, Nachfahre von Donkosaken, eine Familie gründete.

Die persönliche Familiengeschichte wird von der blutigen Geschichte des Donbass durchwoben, der einstigen Kornkammer der Sowjetunion. Diese ostukrainische Region, auf ewig Grenzland, erfuhr jahrzehntelang Unterdrückung und

Verfolgung, Rebellion und Krieg: während der Russischen Revolution und des Ersten Weltkriegs, in der Zeit der landwirtschaftlichen Zwangskollektivierung, unter dem Terror von Stalin, durch den Holodomor und den Zweiten Weltkrieg, durch die Trennung von Donezk und Lugansk und bis zum heutigen Tag durch den Russischen Angriff im Februar 2022.

Stimmenwirbel

Die etlichen Figuren, die in Weedas Familiengeschichte eine Rolle spielen, sind eng mit diesen Geschehnissen verbunden und werden übersichtlich zu Beginn des Buches in einem Stammbaum präsentiert. Die wichtigsten Personen sind Oma Aleksandra, auf die der Romantitel verweist, Urgroßvater Nikolaj, Onkel Kolja und die Ich-Erzählerin selbst, Lisa. Mit diesen vier Figuren sind auch vier Generationen vertreten, die zusammen ein ganzes Jahrhundert abdecken.

Aleksandra, die Großmutter der Autorin, wurde in Lugansk im Donbass geboren. 1942 wurde sie als 18-Jährige genau wie Millionen andere ‚Ostarbeiter*innen‘, von den Nazis deportiert. Sie wurde in einer IG Farben Fabrik in Griesheim eingesetzt. Dort traf sie ihren Mann und nach dem Krieg zog sie mit ihm in die Niederlande, wo sie auch im hohen Alter noch wohnt. Nikolaj ist Aleksandras Vater und hat russische Wurzeln, genauer gesagt stammt er aus einer Familie von Donkosaken. Früher waren die Donkosaken freie Krieger, die aufgrund ihrer Kampfkünste in der Kavallerie des russischen Zaren eingesetzt wurden. Als Gegenleistung mussten sie fast keine Steuern entrichten. Nikolaj und seine Familie ließen sich als selbstständige Bauern im Donezbecken nieder. In den zwanziger und dreißiger Jahren wurden die Bauern, die etwas Grund besaßen, vom kommunistischen Regime bedroht, da sie als ‚Kulaken', Saboteure der Revolution und Feinde des Proletariats angesehen wurden.

Ihnen wurden Bauernhof, Grundstück und Tiere weggenommen und sie wurden aus ihren Häusern vertrieben, Kolchosen wurden errichtet, Ernten beschlagnahmt, während die Dorfbewohner verhungerten. Die Erzählungen von Nikolaj wechseln sich mit den Geschehnissen aus der jüngeren Geschichte ab, und drehen sich um Kolja, von dem die Familie ein Jahr nach der Euromajdan nichts mehr gehört hat. Kolja, der sich in der abgesonderten Volksrepublik Lugansk keiner Partei anschließen wollte, fiel dieser Entscheidung zum Opfer. Später wird er gefunden, „nicht weit von seinem Haus, gefoltert und totgeschlagen".

Palast des verlorenen Donkosaken

Die Geschichten werden keineswegs chronologisch erzählt. In einem Wirbel verschiedener Erzählstimmen, mal auf einen anekdotischen Familienmoment zurückblickend, mal von Deportation und Hungersnot berichtend, dann wieder als Szenen im Präsens oder als Dialog zwischen einem Verstorbenen und einer noch lebenden Nachfahrin präsentiert, wird die Geschichte von Land und Familie zusammengefügt. Der Roman fängt mit einer Szene an, in der Lisa im Sommer 2018 an der Brücke nach Lugansk von einem ukrainischen Soldaten aufgehalten wird. Sie hat von ihrer 94-jährigen Großmutter den Auftrag bekommen, das Grab von Onkel Kolja zu suchen, um dort ein Familienerbstück hinzubringen, ein Tuch, auf dem die Lebenslinien der Familienmitglieder in Rot und Schwarz gestickt sind. Nur wenn Lisa das Tuch zu seinem Grab bringt, wird der Tote seine Ruhe finden können.

Als am Grenzposten ein Mann ins Minenfeld läuft, ergreift Lisa ihre Chance. Sie rennt ins Kornfeld und landet in einer fiktiven Welt: im Palast des verlorenen Donkosaken. Dort trifft sie ihren Urgroßvater Nikolaj, der 1953 gestorben ist.

Der führt sie durch die mit Blattgold und Mosaiken verzierten Säle mit reißerischer Sowjet-Propaganda, in denen überall glückliche Sowjetarbeiter herumlaufen. Der Boden ist von Korn bedeckt, das unter dem Stalin-Regime verschwunden war. Dieses Gebäude, gespenstisch groß und aus fünf aufeinander gestapelten Zylindern bestehend, ist dem nie realisierten Palast der Sowjets in Moskau nachempfunden, dem Volkspalast, der der Erfolgsgeschichte der Sowjet-Union Ausdruck verleihen sollte, „ein Loch in der Zeit für die Träume, die nie Wirklichkeit geworden sind." Der Palast des verlorenen Donkosaken, wie Urgroßvater Nikolaj ihn nennt, ist eine „Zwischenstation für die Toten", wo die Verstorbenen der Familie ihre Geschichten einander und den Lebenden erzählen können.

Durch die kaleidoskopische Erzählweise drängen sich Parallelen auf: Was sich in der Zeit der Zwangskollektivierung abspielte, wiederholt sich bei Kolja; die Zerrissenheit innerhalb der Familie während der Russischen Revolution findet auch im Jahr 2014 statt. „Auf diesem Boden", sagten die Alten, „ist schon zu viel verloren gegangen, für nichts und wieder nichts". Obwohl Gefühle der Machtlosigkeit gegenüber immer wieder neuen Machthabern und neue Formen des Machtmissbrauchs letztendlich zu überwiegen scheinen, gibt es auch Schwungkraft, Widerstand und Stolz. Wenn Aleksandra abtransportiert wird, beschwört ihr Vater sie, niemals zu vergessen, dass sie ein Donkosakenkind ist: „Donkosaken beugen sich und stehen wieder auf". Mit der Volksmythologie der Donkosaken erhält ein zweites phantastisches Element Einzug in die Geschichte. Wenn ein

Donkosak stirbt, verwandelt er sich in einen weißen Hirsch mit einem goldenen Geweih und einem goldenen Pfeil im Rücken. Auch diese Hirsche ergreifen als Chor der Vorfahren das Wort, um die Geschehnisse zu kommentieren und Bevorstehendes zu prophezeien. „Dieser Hirsch ist nicht tot, sagten sie zueinander, aber dem Tier geht es auch nicht wirklich gut." Er symbolisiert den Kosaken und das Land, und obwohl beide verwundet sind, halten sie ihren Stolz aufrecht. Wenn Lisa ihren Urgroßvater fragt, „ob ein Land, das sich so viele Völker teilen, überhaupt Ruhe findet", bricht er in Gelächter aus und beschließt: „Man kann sich da reinsteigern, in die Geschichten über die Verteidigung von Boden und Tradition. Man könnte aber auch einfach dafür sorgen, dass morgen genügend Brot für die Kinder da ist."

Rot und schwarz

Lisas Familienmitglieder suchen jeweils nach einem eigenen Weg, um mit ihrer Geschichte umzugehen. Auf dem Tuch, das sie von Aleksandra bekam, sind alle Lebenslinien der Familie gestickt, bis hin zum verschwundenen Kolja. Diese Stickerei, mit der vor langer Zeit Baba Mari angefangen hatte, Nikolajs Mutter, hat Aleksandra fortgesetzt, zuerst in der Fabrikbaracke in Deutschland und danach in den Niederlanden, vielleicht war es sogar dieses Tuch, das sie am Leben hielt, denkt sie. Das Tuch ist „Fluch und Segen zugleich", die Familie wird dadurch miteinander verbunden, „durch Leben und Tod, durch die Linien, die es durchlaufen, ineinander fließen, gegeneinander prallen, sich voneinander fortbewegen, neue Linien entstehen lassen." Die Linien sind „Rot für die Liebe und Schwarz für den Verdruss". „Wenn niemand unsere Geschichten ausspricht, dann sticke ich sie eben hier drauf, wie eine Geheimschrift, eine Karte, wer wir waren und wer wir gewesen sind", hört sie Baba sagen.

Dieser Roman von Lisa Weeda, der wochenlang die niederländische Bestsellerliste anführte, ist keine durchgängig pessimistische Geschichte. Sie wird rührend, poetisch und manchmal humorvoll erzählt. Hin und wieder erinnert das Buch an *Herkunft* von Saša Stanišić – dem Gewinner des Deutschen Buchpreis 2019 –, der auch seine Familiengeschichte niederschrieb, die in der unruhigen politischen Geschichte seines Herkunftslandes, dem ehemaligen Jugoslawien, verwurzelt ist. Und auch hier spielt die Großmutter eine Hauptrolle, es ist ein collagenartiger Roman aus ineinander übergehenden Anekdoten, Fragmenten und Miniaturen, der durch die Fabulierkunst des Autors angereichert wird.

Beeindruckend ist, dass Weeda kein abschließendes Urteil über dieses äußerst komplexe Land fällt, über die internen Spannungen und die schwierige Geschichte. Die Erzählerin ist durch ihre niederländischen und ukrainischen Wurzeln Besucherin und Teilnehmerin zugleich. Zu Besuch in Odessa muss sich die Niederländerin ordentlich anstrengen, um mit der Wodka trinkenden Familie mitzuhalten, aber sie weiß, dass sie ein emotionales Band mit der Ukraine verbindet. Weeda zeigt uns auch, was passiert, wenn ein separatistischer Staat entsteht, wenn das Leben und Familien zerrüttet werden, wenn Menschen Entscheidungen treffen müssen. „Es fällt uns schwer, darüber zu urteilen, weil jeder Wendepunkt in unserer Geschichte sich aus einem älteren Wendepunkt ergibt, aus noch älteren Machtverhältnissen. Da wo wir stehen, ist es eigentlich immer unberechenbar und nebulös", lautet die Weisheit der weißen Hirsche.

Aleksandra ist ein ambitioniertes und komplexes Buch. Es ist beachtlich, wie Lisa Weeda das Leid dieses Landes und

den grausamen politischen Wahnsinn, den es immer noch erfährt, in Worte gefasst hat und den Leser*innen eine einfühlsame Geschichte schenkt, die alles andere als erfunden ist.

Lisa Weeda: *Aleksandra*. Aus dem Niederländischen von Birgit
Erdmann. Berlin: Kanon Verlag, 2023. ISBN: 978-3-98568-058-0.

Marcel Möring

„Ein Gefühl von Ende, ein Gefühl von Anfang"

Marcel Möring: *Amen*
Aus dem Niederländischen von Helga van Beuningen

Maria-Theresia Leuker

Samuel Hagenau ist verzweifelt. Seine Frau Joyce hat ihn vor einigen Monaten verlassen. Da steht nur noch ein Karton mit Sachen von ihr in seinem Flur, und den will sie nun am nächsten Samstag abholen. Die Trauer über seinen Verlust wirft ihn aus der Bahn. Auf langen Wanderungen in der Natur lässt er seinem Gedankenchaos freien Lauf. Er schaut zurück auf seine Beziehung zu Joyce und auf sein Leben. Wie ist er zu dem geworden, der er ist, und wie soll es jetzt ohne Joyce weitergehen? So beginnt Marcel Mörings Roman *Amen* (2019; dt.: 2022). Der Titel des Buchs ruft nicht von ungefähr Assoziationen mit religiöser Sprache auf, verweist aber hier erst einmal ganz profan auf den Namen eines kleinen Dorfs in Drenthe im Nordosten der Niederlande, wo der Roman spielt.

Marcel Möring und seine Romane

Marcel Möring wurde 1957 in Enschede geboren. Seine Mutter ist Jüdin und eine Überlebende der Shoah. Als eine zentrale Motivation für sein Schreiben nannte er einmal das Bedürfnis, die Leere um seine Mutter herum erzählend zu füllen – alle anderen Mitglieder ihrer Familie kamen um.

In seinem Werk bezieht Möring sich explizit auf religiöse Texte der jüdischen Tradition wie die Thora, den Talmud, den Midrasch und das Alte Testament. Für sein Roman-debüt *Mendels erfenis* (1990; dt.: *Mendel*, 2003), sowie die folgenden Romane *Het grote verlangen* (1994; dt.: *Das große Verlangen*, 1998) und *In Babylon* (1998; dt.: 2000) erhielt er zahlreiche Preise. Alle auf Deutsch vorliegenden Bücher von Marcel Möring wurden von der renommierten Übersetzerin Helga van Beuningen aus dem Niederländischen übertragen. Möring etablierte sich als einer der bedeutendsten nieder-ländischen Schriftsteller der Gegenwart.

Für ihn hat Literatur nicht die Aufgabe, die Wirklichkeit abzubilden, sondern sie soll nach einer adäquaten Form su-chen, in der Fragen über die Wirklichkeit gestellt werden können. Die Protagonisten seiner Romane sind unterwegs, auf der Suche. Aus dem Paradies wurden sie vertrieben, auf den Exodus folgt eine Odyssee. Das Motto von Isaac Deut-scher „Trees have roots. Jews have legs", das Möring seinem Roman *In Babylon* voranstellte, bringt die Thematik seines Werks auf den Punkt. Immer wieder spielen Einsamkeit, Ver-fall, Verlust und Erinnerung eine zentrale Rolle. Der Roman *In Babylon* entwirft mit einer Mischung aus Mythen, Mär-chen und historischem Erzählen ein großes Erzählpanorama jüdischen Lebens in Europa während der letzten einhundert Jahre anhand der Geschichte einer großen jüdischen Familie.

Mendel Adenauer, der Protagonist von Mörings Roman-debüt *Mendel*, ringt mit der von der Shoah überschatteten Geschichte seiner jüdischen Familie. Nachdem der junge Mann auch seine noch verbliebenen nächsten Familienmit-glieder verloren hat, versinkt er in einer Depression und begibt sich in psychiatrische Behandlung. In dem Roman *Eden* (2016; dt.: 2022) begegnen wir Mendel Adenauer wie-der. Inzwischen arbeitet er als Psychiater in einer Klinik in

Assen im Nordosten der Niederlande und hofft, mit seiner Arbeit die Welt besser zu machen. Ein mysteriöser Mann, der umherirrend im Wald gefunden wird und ebenso mysteriös wieder verschwindet, lässt ihn sein eigenes Leben und die Sinnhaftigkeit seines Tuns in Frage stellen. Getreu Mörings Überzeugung, dass die einzige Möglichkeit, die Welt zu verstehen, darin besteht, eine Geschichte zu erzählen, entfaltet der Roman das Schicksal dieser Jedermann-Figur. Ihre Geschichte reicht viele Jahrhunderte zurück und vereint die Legende von Ahasver, dem wandernden Juden, mit dem uralten Mythos des Buches Raziel, das Adam bei seiner Vertreibung aus dem Garten Eden erhalten haben soll und in dem das Schicksal der gesamten Menschheit verzeichnet sein soll.

Ein Verlangen nach dem Abwesenden

Auch der Roman *Amen* spielt in der Provinz Drenthe im Nordosten der Niederlande. Wieder tritt ein jüdischer Protagonist auf, der auf langen Wanderungen durch Wald und Heide sein Leben Revue passieren lässt. Sam Hagenau ist Archäologe. Für ihn macht das Unsichtbare die Essenz der Archäologie aus, die Suche nach etwas, von dem man nicht weiß, ob es überhaupt da ist. Er fragt sich, ob er diesen Beruf aus einem „tief empfundenen Verlangen nach dem Abwesenden" ergriffen hat, nach dem, was „erst sichtbar wird, wenn der Verlust empfunden wird, wenn man danach zu graben beginnt." Erst nachdem seine Frau ihn verlassen hat, legt er auch in seinem Inneren Schicht um Schicht frei und beginnt sich damit auseinanderzusetzen, was ihre Beziehung ausgemacht hat, was Joyce ihm bedeutet hat, wo die Schwierigkeiten anfingen und das Unglück seinen Lauf nahm.

Beim ruhelosen Umherschweifen im Heidegebiet nahe seinem Wohnort trifft er auf ein ausgebranntes Auto und findet darunter eine Leiche. In die sich anschließenden polizeilichen Ermittlungen ist Sam Hagenau nicht nur als Zeuge involviert, denn auch hier geht es um das Abwesende und die Abwesenden – unter welchen Umständen starb der Tote, aus welchem Grund wurde die Leiche hier abgelegt, wer ist dafür verantwortlich?

Nach und nach kehren dann Sams Kindheitserinnerungen zurück. Auch sie kreisen um eine Abwesende, ein Mädchen, das während eines Sommerurlaubs verschwand. Die Schuldgefühle, die Sam mit dieser Begebenheit verbindet, vermischen sich noch einmal neu mit seinem Schmerz über den Verlust seiner Liebesbeziehung zu Joyce.

Noch weiter blickt er zurück, noch tiefer gräbt er, bis in die Lebensgeschichte seiner Mutter, die als Kind die Shoah überlebte, untergetaucht in einer fremden Familie, während alle Mitglieder ihrer eigenen ermordet wurden. So wuchs Samuel Hagenau in einer Familie von Abwesenden auf.

Der Kreis schließt sich mit seiner aktuellen Aufgabe als Archäologe: Auf dem Gelände des Durchgangslagers Westerbork gräbt er nach Gegenständen, die ehemaligen Lagerinsassen gehört haben. Graben nach etwas, von dem man nicht weiß, dass es überhaupt da ist, dann zu versuchen, die Funde den verschwundenen Menschen zuzuordnen, darin sieht Sam einen Sinn.

In seiner Erinnerung wird auch Joyce zu einer Sammlung einzelner Fragmente. Ihm bleibt nichts anderes übrig, als zu versuchen, diese Mosaiksteine zu einem sinnvollen Ganzen zusammenzufügen, obwohl ihm klar wird, dass er dabei nur sein eigenes Bild von Joyce erhalten wird, aber niemals Joyce selbst.

Er ist überzeugt davon, dass sie zwei völlig unterschiedliche Auffassungen von Liebe hatten. Er, der Romantiker, hat das unstillbare „Bedürfnis, ganz und gar im anderen, in der Liebe aufzugehen." Er will Beschützer sein und die Geliebte kennen, alles von ihr wissen, die totale Hingabe leben. Die bedeutet für Joyce allerdings Kapitulation, sie fühlt sich kontrolliert. Die Liebe sei für sie eher „ein Marktplatz von Dienstleistungen, Gunstbezeigungen und Sex" sowie die Versicherung gegenseitiger Hilfe, so sieht Sam es. Aber hat er sie überhaupt richtig verstanden, richtig gelesen? Er zweifelt.

Und du gehst und gehst, einen Fuß vor den anderen

Im Niemandsland zwischen Ende und Anfang, in dem Sam Hagenau umherirrt, kommen ihm die Anfänge und Enden in den Sinn, die er bisher erlebt hat. Im Sommer nach seinem Schulabschluss beginnt für ihn mit der ersten Liebe und den ersten sexuellen Erfahrungen etwas Neues. Zur gleichen Zeit beenden seine Eltern ihre Ehe. Nach einer Phase der apathischen Trauer macht seine Mutter sich bereit für einen Neuanfang und ermutigt ihren Sohn, ein Studium zu beginnen. Er entscheidet sich für eine Disziplin, in deren Namen ,archè', das griechische Wort für ,Anfang', enthalten ist: die Archäologie. In dieser Zeit gibt seine Mutter ihm die Geschichte von Tristan und Isolde zu lesen. Lebhaft erinnert er sich an die Tränen der Verzweiflung, die er über diese zum Scheitern verurteilte Liebe und ihr unabwendbares, verhängnisvolles Ende vergossen hat. Was hat ihn so sehr an dieser Geschichte berührt? Und nun ist da sein eigener Liebeskummer, der ihn spüren lässt, was es bedeutet zu lieben, geliebt zu werden und die Liebe zu verlieren. Da ist das Ende, mit dem er sich nicht abfinden kann. Und noch kein Anfang in Sicht.

Sam Hagenau zitiert mit Vorliebe aus dem Buch Prediger, das zum Tanach, der jüdischen Hebräischen Bibel, respektive zum christlichen Alten Testament gehört. „Die Sonne geht auf, die Sonne geht unter." lautet seine Antwort auf die Frage, wie es ihm gehe. Auf einen Anfang folgt immer ein Ende und auf dieses ein Anfang und so weiter. Und so schwingt auch in dem Zitat aus dem Buch Prediger, mit dem das Buch endet, etwas Tröstliches mit: „Was geschehen ist, eben das wird hernach sein. Was man getan hat, eben das tut man hernach wieder, und es geschieht nichts Neues unter der Sonne." Sam geht und geht, setzt einen Fuß vor den anderen. Aus dem Kreislauf der Wiederholungen entsteht unweigerlich eine Vorwärtsbewegung.

Marcel Möring: *Amen*. Aus dem Niederländischen von Helga van Beuningen. München: Luchterhand, 2022. ISBN: 978-3-630-87652-8.

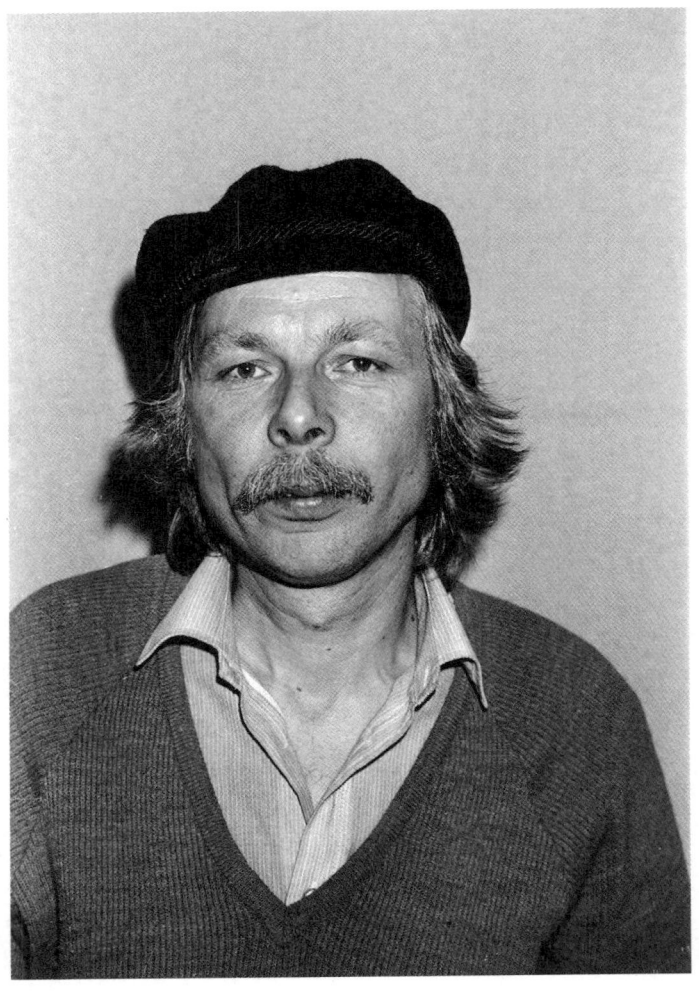

Louis Ferron

„Eine Atmosphäre sicherer Abgeschlossenheit"

Louis Ferron: *Der Schädelbohrer von Fichtenwald, oder:*
Die Metamorphosen eines Buckligen
Aus dem Niederländischen von Ulrich Faure

Jan Konst

Die ersten Kapitel von *Der Schädelbohrer von Fichtenwald* machen es einem nicht leicht, sich die auf dem Papier
evozierte Welt vorzustellen. Der Roman spielt während des
Zweiten Weltkriegs, und beim Lesen schaut man einem
gewissen Friedolien über die Schulter, einem trotteligen,
etwa 30-jährigen Mann mit Buckel. Er arbeitet nach eigenen
Angaben als Krankenpfleger in Fichtenwald, einem Sanatorium, das „zerbrechliche und verletzliche Menschen" beher-
bergt. Die Anstalt liegt in der Nähe der Stadt M., wo im Süden
„das unsagbare Blau der Berge" schimmert. Unwillkürlich
gehen die Gedanken nach München. Glaubt man Friedolien,
haben die Ärzte nur das Wohlergehen ihrer Patienten im Sinn
– „Eine Frage der Humanität", wie einer von ihnen versichert.
Doch allmählich beschleicht den Leser ein mulmiges Gefühl,
denn in dieser Heilanstalt entpuppt sich das gesamte Perso-
nal als SS-Schergen und die von ihnen betreuten Menschen
tragen alle gestreifte Uniformen.
 Also kein Sanatorium, sondern ein Konzentrationslager?
Angesichts der historischen Umstände ist das naheliegender,
denn während der Hitler-Diktatur erfuhren insbesondere
Menschen, die von der Norm abwichen, keine Humanität.
Friedolien aber ist sich sicher: eine Pflegeeinrichtung. Er
versucht sogar, etwaige Vorbehalte zu zerstreuen. So be-

streitet er zum Beispiel, dass die Freiheit der Patienten eingeschränkt wäre: „Zwar gibt es Gerüchte, dass in das Laub unisolierte Hochspannungsleitungen eingeflochten seien, aber das ist blanker Unsinn. Noch nie habe ich bemerkt, dass auch nur einer unserer Patienten das Bedürfnis verspürt hätte, das Institut ungefragt zu verlassen."

Und was ist mit der Überwachung rund um die Uhr? Nach Ansicht von Friedolien dient sie nur der Sicherheit der Einwohner: „Sicher, an der Dorfseite des Instituts sind zwei Wachtürme aufgestellt worden, aber sie sind ausschließlich für die Beobachtung der Patienten bestimmt. Denn tatsächlich, es gibt einige die man nicht eine Minute ohne Aufsicht lassen kann; ehe man sich's versähe, würden sie sich in einem Depressionsschub etwas antun."

Hochspannungsleitungen und Wachtürme: Sie lassen das Schlimmste vermuten. Warum sieht Friedolien nicht, was wir an seiner Stelle vermutlich beobachten würden? Ist er naiv, nicht ganz bei Trost, oder einfach nur böswillig, jemand, der die grausame Realität eines Konzentrationslagers schönredet? Man erfährt es nicht wirklich, aber eines ist sicher: Der Ich-Erzähler von *Der Schädelbohrer von Fichtenwald* ist ein typischer unzuverlässiger Erzähler, eine Stimme, die in der modernen Literatur nur allzu oft auftaucht. Er führt den Leser in eine andere, eine fiktive Welt, aber es ist, als würde man sie durch ein Milchglas betrachten.

Zwischen zwei Ländern

Friedoliens geistiger Vater ist der niederländische Schriftsteller Louis Ferron, der zwischen 1974 und 1981 mit fünf historischen Romanen über Deutschland den Grundstein für ein umfangreiches Werk gelegt hat. Sie decken grob die Jahre zwischen 1880 und 1945 ab und wurden damals von der Kritik in den Niederlanden hoch gelobt. Als literarischer Autor suchte Ferron in seinen Deutschland-Romanen nach möglichen Erklärungen für die Verbrechen des Nazi-Regimes. Wie konnte es gerade im ‚Land der Dichter und Denker' zum Zivilisationsbruch kommen, den niemand vorher für möglich gehalten hatte und der im Nachhinein nicht weniger schwer zu verstehen ist?

1942 wurde Louis Ferron als unehelicher Sohn eines deutschen Wehrmachtssoldaten und einer niederländischen Kellnerin geboren. Diese binationale Abstammung prägte seine Kindheit. Bis 1948 lebte der spätere Autor in Bremen, wo er in der Frau seines inzwischen verstorbenen Vaters eine liebevolle Mutter fand. Im selben Jahr wurde er vom Roten Kreuz in die Niederlande zurückgebracht, da man der Meinung war, dass es nach dem Tod des Vaters nichts mehr gab, was den Jungen mit Deutschland verband. Er kam in die Obhut seiner leiblichen Mutter, lebte jahrelang bei seinen Großeltern und besuchte später ein katholisches Internat. „Eine maximal ruinierte Kindheit", urteilte Ferron selbst in einem Interview, denn die wechselnden Identitäten und ständigen Umzüge hätten zu einem alles verzehrenden Gefühl der Entwurzelung geführt. Hinzu kam, dass er in den Niederlanden diskriminiert wurde. Der Sohn eines deutschen Soldaten hatte es so kurz nach dem Krieg schwer: „Als Kind wurde ich von allen möglichen Leuten nicht akzeptiert, ich durfte bestimmte Freunde nicht zu Hause besuchen."

Für Ferron waren seine Deutschland-Romane eine Art Vatersuche. Dabei ging es ihm nicht in erster Linie um den Mann, der ihn gezeugt hatte, sondern vor allem um das Land, das der Vater repräsentierte. „Ich habe" – äußerte der Autor einmal im Gespräch – „diesen Vater viel größer gemacht, ganz Deutschland habe ich daraus gemacht." Ferron, der von vielen seiner Landsleute tatsächlich als ‚Täterkind' betrachtet wurde, ist bei seinem Debüt bereits über 30. Seine Bücher zeigen, dass er sich in der deutschen Geschichte und Kultur hervorragend auskennt. Das betont der Autor auch gerne selbst: „Meine Quellen sind hauptsächlich in der deutschen Literatur zu finden. Im Grunde fühle ich mich wie ein Schriftsteller im Exil, jemand, der zufällig auf Niederländisch schreibt."

Holocaust und Groteske

Ferrons bekanntester Deutschlandroman ist *Der Schädelbohrer von Fichtenwald*, das 1976 erschienene Buch, das nun vom Verlag Das Kulturelle Gedächtnis in der Übersetzung von Ulrich Faure einer deutschen Leserschaft zugänglich gemacht wird. Fast 50 Jahre nach der Erstveröffentlichung. An Ferron, der 2005 verstarb, lag es nicht. Er hat sich zu Lebzeiten wiederholt um einen deutschen Verleger für sein Werk bemüht, wurde aber immer freundlich abgewiesen. Was dem Schriftsteller Edgar Hilsenrath in den 1970er Jahren widerfuhr, passierte auch Ferron. Dessen Roman *Der Nazi & der Friseur* wurde von Dutzenden Verlagen abgelehnt und zuerst in englischer Übersetzung publiziert, bevor er schließlich bei einem relativ kleinen deutschen Verlag unterkam. Auch bei Hilsenrath hatte dies nichts mit der literarischen Qualität zu tun, sondern vor allem mit der satirischen Absicht seines Buches, vor der die Verlage zurückschreckten. Ferrons *Schädelboher von Fichtenwald* hat viel mit *Der Nazi & der Friseur* gemeinsam. Auch der niederländische Autor hat sich (1.) für einen Holocaust-Roman entschieden, der (2.) eine Täterperspektive wählt und (3.) eine groteske Darstellung der historischen Realität bietet.

Friedolien, der angebliche Krankenpfleger in Fichtenwald, wirkt zunächst wie eine Soldat-Schwejk-ähnliche Figur, die man mit Verwunderung und vielleicht sogar einer gewissen Sympathie betrachtet. Der Leser wird Teil seiner Überlegungen, seiner Zweifel und Frustrationen. Der Bucklige suggeriert, dass er ein Außenseiter ist, ein Opfer schwieriger Umstände, aber im Laufe der Zeit lässt sich nicht leugnen, dass er aktiv zu dem verbrecherischen Regime beiträgt, das in Fichtenwald herrscht, wo natürlich keine Patienten untergebracht sind, sondern Menschen, die die Nationalsozialisten mit allen Mitteln bekämpfen. Politische Gefangene und jüdische Bürger. Friedolien tut so, als wüsste er nichts und will uns glauben machen, dass auch er langsam zur Einsicht kommt: „Das stolze Institut der neuen Wissenschaft schien nichts anderes zu sein als das Schlachthaus des Schwarzen Ordens."

Warum hat Ferron dieses Format gewählt? Warum ein Roman über ein Konzentrationslager, bei dem der Leser durch die irreführenden Schilderungen eines nicht sehr glaubwürdigen Erzählers in dessen Fänge gerät? Vermutlich wollte der Autor, dass man sich auf eine Täterfigur einlässt, ohne es von Anfang an zu merken. Als wolle er zeigen, wie gering der Abstand zu den Tätern des Nationalsozialismus sein kann, etwas, das Hannah Arendt als „die Banalität des Bösen" umschrieben hat. Gleichzeitig verdeutlicht Ferron anhand der Person Friedolien, wie es zu den aus seiner Sicht beispiellosen Verbrechen im sogenannten Dritten Reich kommen konnte. Wer den Protagonisten des Romans verstehen will, muss daher auf Erklärungsversuche zurückgreifen, die gerade auch in den 1970er Jahren besonders im Fokus standen. Erklärungsversuche die sich u. a. auf die autoritäre Charakterstruktur, die Verankerung der völkischen Ideologie

in einem typisch romantischen Denken oder den Nationalsozialismus als Pseudoreligion konzentrierten.

Literarischer Ehrgeiz

All dies macht die Lektüre von *Der Schädelbohrer von Fichtenwald* zu einem ebenso faszinierenden wie verstörenden
Unterfangen. Ein Leseprozess, der einen nicht unberührt
lässt. Und dabei hat Ferron bis zu seinem Tod etwas verschwiegen, was erst seit wenigen Jahren dank intensiver
Quellenforschung bekannt ist. Hinter Fichtenwald ver-
birgt sich nicht nur die Realität von Dachau, sondern für
Dr. Jankowsky – Friedoliens unmittelbar Vorgesetzter –
diente kein Geringerer als Sigmund Rascher als Vorbild. Der
Lagerarzt im KZ bei München, der Josef Mengele in seiner
Rücksichtslosigkeit in nichts nachstand. Die Metapher des
Sanatoriums entpuppt sich in diesem Zusammenhang als
eine sehr bittere, und von der „Atmosphäre sicherer Abge-
schlossenheit", die Friedolien anfangs bescheinigt, ist nichts,
aber auch gar nichts übriggeblieben. Denn die sogenannten
medizinischen Eingriffe an den „Patienten" in Fichtenwald
verweisen auf die grausamen Experimente, die in den Jahren
1942 und 1943 in Dachau stattfanden.

Vor diesem Hintergrund wird es verständlich, dass es fast
ein halbes Jahrhundert gedauert hat, bis sich ein deutscher
Verlag für den Roman von Louis Ferron gefunden hat. Dass
der Verlag das Kulturelle Gedächtnis nun den Sprung gewagt
hat, kann nur positiv bewertet werden, denn *Der Schädelbohrer von Fichtenwald* zeugt von einem beispiellosen literarischen Ehrgeiz und muss zur wichtigsten belletristischen
Prosa über die Hitler-Diktatur in den Niederlanden gezählt
werden.

Louis Ferron: *Der Schädelbohrer von Fichtenwald, oder: Die Metamorphosen eines Buckligen.* Aus dem Niederländischen von Ulrich Faure. Berlin: Verlag Das Kulturelle Gedächtnis, 2023. ISBN: 978-3-946990-74-1.

Dieser Beitrag geht zurück auf: Jan Konst, *Alles waan. Louis Ferron en het Derde Rijk* (dt.: *Alles Wahn. Louis Ferron und das Dritte Reich*), Amsterdam: De Bezige Bij, 2015. Diese Veröffentlichung enthält ebenfalls die Zitate aus den Interviews mit dem niederländischen Autor.

Simone Atangana Bekono

„Zuhause ist ein Ort, wo jeder sein Ding macht, ohne dass ich dazugehöre. Ich wohne am Rand und schaue zu"

Simone Atangana Bekono: *Salomés Zorn*
Aus dem Niederländischen von Ira Wilhelm

Christina Bickel

Salomés Zorn (2023; ndl.: *Confrontaties*, 2020) heißt der überaus erfolgreiche Debütroman von Simone Atangana Bekono – ein Roman, der einen kritischen Blick auf die Aufarbeitung der Kolonialvergangenheit der Niederlande wirft und aufzeigt, dass Rassismus im 21. Jahrhundert nicht verschwunden ist, sondern das Miteinander in den Niederlanden auch weiterhin leidvoll prägt.

Gefangen in rassistischen Strukturen

Ebenso wie die Autorin Simone Atangana Bekono (1991 im brabantischen Dongen im Süden der Niederlande geboren) ist ihre Protagonistin Salomé Henriette Constance Atabong die Tochter eines kamerunischen Vaters und einer niederländischen Mutter. Zu Beginn der Romanhandlung befindet sie sich in Haft, der Grund dafür wird nicht genannt. Die ihr dort aufgezwungene Gemeinschaft mit sieben weiteren jungen Frauen vergleicht sie mit einer schlecht gecasteten ‚girl band'. Der Gefängnisalltag ist langweilig und erschöpfend zugleich und viele Gedanken und Erinnerungen an frühere Erfahrungen drängen sich auf: An ihren ersten Schultag am

Gymnasium etwa, als der Klassenmentor ihren Namen aussprach und die ganze Klasse lachte.

Auch im Gefängnis setzten sich die diskriminierenden Erfahrungen fort. Die Therapie, die Salomé im Gefängnis verordnet wurde – schließlich sei sie nicht zum Vergnügen inhaftiert – wird von einem Therapeuten durchgeführt, der einst Teilnehmer einer geschmacklosen Reality-TV-Show war. Salomé stellt sich vor, wie die Programmverantwortlichen das Konzept erarbeitet haben, das vorsieht, niederländische Familien nach Afrika zu bringen, wo die Einheimischen noch im „Bananenröckchen" herumlaufen, „Kuhschscheiße sammeln" und „Ziegeneintopf kochen". Den Therapeuten führen seine Erfahrungen dort zu der Feststellung, er hätte immer schon Respekt vor dem „primitiven Leben in Afrika" gehabt.

In *Salomés Zorn* wechseln sich Sequenzen aus Vergangenheit und Gegenwart mit Reflexionen, Visionen und (Alb-)träumen, allesamt aus der Perspektive der Ich-Erzählerin, ab. Die Leser:innen sind herausgefordert, die Puzzleteile der verschiedenen Erzählebenen zu einem Gesamtbild zusammenzufügen und erhalten dabei einen tiefen Einblick in die Erlebniswelt der Protagonistin. Auch dient diese Erzählweise zum Aufbau von Spannung – insbesondere, weil die der Haft zugrundeliegende Tat der Protagonistin zunächst verschwiegen wird und sich das vorher Geschehene erst im Laufe der Erzählung offenbart.

An vielen Stellen ist der Roman durch umgangs- und jugendsprachliche Wörter und Wendungen geprägt, wenn etwa „schlechte Vibes" vom Badezimmer des Gefängnisses ausgehen, in dem die Protagonistin auf Gegenstände gefilzt wird. Auch Salomés Aggression kommt in der Wortwahl zum Ausdruck, wie in der Bezeichnung der Toilette mit verbundenem Waschbecken und Schublade in ihrer Zelle als

„dämliche Scheißkonstruktion" oder im Begriff „fucking-
jähzornig". Schockierend ist auch die häufige Verwendung
des verhassten N-Wortes.

Die Sprache von Atangana Bekono ist andererseits – insbesondere in den Traumsequenzen – poetisch und bildhaft,
ganz passend zu einer Schriftstellerin, die im Jahre 2017 mit
dem erfolgreichen Lyrikband *Hoe de eerste vonken zicht-
baar waren* (dt.: ‚Wie die ersten Funken sichtbar waren')
erstmals literarisch in Erscheinung trat. Beispielsweise ist die
Rede davon, dass die Jacke des Mannes an der Grundschule
„wie eine Wolke" an ihm hängt, davon, dass Konsequenzen
der „Logik von Treibsand" folgen oder Buchstaben aus Tin-
te „sich in große, schwarze Tropfen" verwandeln und „im
Schlamm" auflösen.

Erst am Ende des Romans wird von der schrecklichen Tat
erzählt, die Salomé ins Gefängnis gebracht hat. Es handelte
sich um einen Racheakt an zwei Jugendlichen, von denen sie
über einen längeren Zeitraum hinweg verfolgt, beleidigt und
erniedrigt wurde. Trotz zahlreicher Gespräche ihrer beunru-
higten Eltern mit Verantwortlichen in Schule, Institutionen
und Behörden eskaliert der Konflikt weiter und führt schließlich zu einer Gewalttat Salomés: Mit einem Ast bewaffnet,
dringt sie in den Garten eines der Peiniger ein und verlangt
von ihm, anstelle der üblichen rassistischen Beleidigungen
ihren Namen auszusprechen. „Das bin ich", setzt sie ihm
entgegen, und rammt den Ast in sein Gesicht.

Auge um Auge

Das versehrte Auge des Peinigers scheint die Gerechtigkeit
im Sinne des alttestamentlichen „Auge um Auge, Zahn um
Zahn" wiederherzustellen, denn Salomé rächt damit auch

die erniedrigenden Fotos, die die Jugendlichen zuvor von ihr gemacht hatten, nachdem sie sie in eine hilflose Lage brachten. Das Motiv des Sehens und Gesehenwerdens bekommt so eine zentrale Rolle im Roman. Mit der Verkündung ihres eigenen Namens während des Racheakts verweist Salomé schließlich auch auf die erotische Tänzerin des Neuen Testaments, die sich vom König Herodes den Kopf Johannes des Täufers auf einem Silbertablett bringen lässt. Sie ist gewissermaßen eine ‚femme fatale', eine verhängnisvolle Frau, die Verderben bringt.

Für die Tat im Affekt wird Salomé zur Rechenschaft gezogen, die vorangegangenen Provokationen und das Mobbing der Jugendlichen hingegen bleiben ungeahndet. Über die Frage, ob das Hafturteil gerecht ist oder nicht, müssen die Leser:innen selbst entscheiden. Offensichtlich jedoch ist, dass auch im Gefängnis die Bestrafte nicht gegen die Konfrontation mit Rassismus gefeit ist.

Salomés Zorn deckt rassistische Strukturen auf, die in den Niederlanden als ehemalige Kolonialmacht in besonderer Weise präsent sind, und die zurzeit in Kunst, Wissenschaft und Literatur intensiv aufgearbeitet werden. Dargestellt wird eine Gesellschaft, die Rassismus befördert und nicht davor schützt – einen Rassismus, der sich durch unterschiedliche Institutionen und Milieus zieht – ob bürgerliche Lehrerinnen in der Schule, fragwürdige Therapeuten im Gefängnis oder oberflächliche Medienkonsumenten, die sich von billig produzierten Programmen ansprechen lassen, ohne das Gesehene kritisch zu hinterfragen.

Atangana Bekono erzählt eine Geschichte von Scham, Wut und Schuld, und wirft dabei Fragen nach der Legitimität des (Rache-)Handelns der Protagonistin auf. Ihr ist ein eindrucksvolles Erzählwerk gelungen, das vielschichtig zeigt, wie zerstörerisch Denkweisen und Gewaltstrukturen wirken, die people of colour an den Rand der Gesellschaft drängen, auch in einer angeblich toleranten und liberalen Kultur wie den Niederlanden. *Salomés Zorn*: eine beunruhigende und aufwühlende Lektüre.

Simone Atangana Bekono: *Salomés Zorn*. Aus dem Niederländischen von Ira Wilhelm. München: C.H. Beck, 2023. ISBN: 978-3-406-80000-9.

Annelies Verbeke

„Züge und Räume"

Annelies Verbeke: *Verlorener Gesang. Mantel der Liebe.*
Erzählungen
Aus dem Niederländischen von Stefan Wieczorek

Laurette Artois & Sabine Schmitz

Warum haben es Kurzgeschichten im heutigen Literatur-
betrieb so schwer, wo doch einst alles mit dem Geschichten-
erzählen begann? Diese Frage stellt sich auch die flämische
Autorin Annelies Verbeke, Meisterin und Botschafterin der
Kurzgeschichte, die jede Erzählung wie einen Diamanten
poliert. Die vielseitige Verbeke, die 2003 mit ihrem in zwanzig Sprachen übersetzten Debütroman *Slaap!* (dt.: *Schlaf!*,
2005) den Durchbruch schaffte und in keine Schublade passt,
hat neben weiteren Romanen und zahlreichen Theatertexten
inzwischen fünf Erzählbände mit jeweils 15 Kurzgeschichten
herausgebracht. Ihr großes Interesse an dem Genre Kurzgeschichte zeigt sich auch in dem 2019 von ihr herausge-
gebenen Band, dessen Titel in der deutschen Übersetzung
wie folgt lauten würde: ‚Zu verkaufen: Babyschühchen, nie
getragen. Eine Auswahl der Lieblingskurzgeschichten von
niederländischen & flämischen Autor*innen.' Es ist eine
Anthologie von 15 Texten, die in der Summe ein interessan-
tes Panorama dieses Genres ergeben.
　　Annelies Verbeke ist experimentierfreudig, was Inhalt,
Form und Stil ihrer Texte betrifft. Jedes Buch ihres breit ge-
fächerten Œuvres bringt etwas Neues: Mal ist es ein Wander-
buch (*Koude soep*, 2023; dt.: ‚Kalte Suppe'), oder ein Roman,
der bei Kapitel 30 beginnt und rückwärts zählt (*Dertig dagen*,

2015; dt.: *Dreißig Tage*, 2018), mal eine Anthologie von Kurzgeschichten internationaler Autoren zum Thema Urbanität
(*Naar de stad,* 2012; dt.: ‚In die Stadt'), mal eine komisch-
philosophische Graphic Novel in jambischen Pentametern
und Reimen über Fahrgäste, die in einem Skilift festsitzen
(*Tirol Inferno*, 2012), mal 30 Porträts menschlicher Nacht-
schwärmer (*Wakker*, 2011; dt.: ‚Wach'). Verbeke schafft sehr
unterschiedliche Werke (Opern, Theatertexte), oft in Zusam-
menarbeit mit anderen Autor*innen, was sie als soziale und
teamfähige Persönlichkeit ausweist. Soziales Engagement
und das Anprangern von Rassismus, sozialer Ungleichheit
und Geschlechterungerechtigkeit sind ihre Hauptthemen. In
jüngster Zeit ist KI hinzugekommen. Verbekes Erzählungen
sind oft aus einer kuriosen Ich-Erzählperspektive (z. B. eines
Schreibabys, einer Eselin, eines Roboters) oder aus einer
ungewöhnlichen Wir- oder Du-Perspektive geschrieben;
letztere nimmt sie durchgehend in ihrem Erzählband *Jij*
(2023; dt.: ‚Du') ein. Sie haben fast immer ein für das Genre
Kurzgeschichte typisches offenes Ende, was ein Gefühl des
Unwohlseins und Unbehagens bei den Erzählfiguren und
bei den Leser*innen verstärkt.

Das Webmuster des Erzählbandes

Erzählsammlungen sind in der Regel von den großen Litera-
turpreisen ausgeschlossen und werden selten – wenn überhaupt – übersetzt. Daher ist es wenig überraschend, dass
bisher auch von Annelies Verbeke kaum Kurzgeschichten in
deutscher Sprache verfügbar waren. Zwei in jeder Hinsicht
außergewöhnliche Erzählungen aus dem Band *Treinen en
kamers* (2021; dt.: ‚Züge und Räume') hat der Golden Luft
Verlag nun publiziert. Der Erzählband *Treinen en kamers*

beinhaltet, wie alle vorherigen der Autorin, 15 Kurzgeschichten. Teilweise vor und dann während des Corona-Lockdowns entstanden, strahlen die erzählten Räume (Zugabteile, Folterkeller, Flüchtlingslager, umzäuntes Gehege, Albträume, digitale Konferenzen) Beklemmung und Klaustrophobie aus.

Die einzelnen Geschichten des Erzählbandes sind entsprechend dem Anspruch von Annelies Verbeke so verwoben, dass sie einen Dialog von Stimmen und Perspektiven auf einen ihnen gemeinsamen Gegenstand bilden, der in dem vorliegenden Band zugleich eine reflektierte Hommage an die Weltliteratur ist. Diese Option ist dem Band *Treinen en kamers* auf verschiedenen Ebenen eingeschrieben: Die insgesamt 15 Erzählungen werden durch die erste und letzte gerahmt, in denen poetologische Fragestellungen im Fokus stehen, die im Verlauf des Bandes immer wieder aufgegriffen werden. Dieses Interesse an Reflexionen über das Schreiben wird dem*der Leser*in noch vor dem Inhaltsverzeichnis durch ein Zitat der sumerischen Dichterin Enheduanna vor Augen geführt, das eine Huldigung an Nisaba, die Göttin des Schreibens, heraufbeschwört. Der mittlere Text bzw. die achte von insgesamt fünfzehn Erzählungen, in der das Werk der mittelalterlichen Mystikerin Hadewijch aus Brabant thematisiert wird, hat sowohl strukturell als auch inhaltlich die Funktion eines Scharniers. Er markiert den Übergang zwischen den oberhalb von ihm sich befindenden sechs Texten, in denen Züge eine mehr oder weniger wichtige Rolle spielen und den sich an ihn anschließenden sechs Erzählungen, die in singulären Räumen angesiedelt sind.

Ein weiteres verbindendes Element aller Kurzgeschichten des Bandes *Treinen en kamers* ist ein vorangestelltes literarisches Zitat aus 4000 Jahren Weltliteratur. Neben Textstellen aus europäischen Klassikern von Homer über Dante und Goethe bis hin zu George Sand oder Mary Shelley

werden mit Zitaten aus dem *Poopol Vuh* oder dem Werk der
sumerischen Dichterin Enheduanna den Leser*innen auch
einige spannende Texte außerhalb des europäischen Kanons
zur Lektüre anempfohlen, ganz im Sinne des Goethe-Zitats
der ersten Erzählung: „dann lese ich einen Dichter der Vor-
zeit, und es ist mir, als säh' ich in mein eignes Herz." (*Die
Leiden des jungen Werther*). Verbeke führt durch die auf-
gezeigte Verknüpfung ihrer Texte in *Treinen en kamers* die
anspruchsvolle Gesamtarchitektur ihrer Erzählbände fort,
die in ihrem 2017 erschienenen Band *Halleluja* auf einer
durchkomponierten Textabfolge chronologisch aufeinander
folgender Lebensalter beruht.

In dem Band stellen die beiden übergeordneten Orte,
Züge und Räume, für sie zentrale thematische Fluchtpunkte
dar, da sich hier die von der Autorin auf der Buchrückseite
als Hauptthema des Bandes genannte Fürsorge für die Mit-
menschen verdichtet. Im Anschluss präzisiert sie, dass es ihr
konkret um die Beweggründe und die Durchführbarkeit von
Hilfe- und Rettungsversuchen in dem Werk gehe. Die beiden Erzählungen *Verlorener Gesang* und *Mantel der Liebe*
verdeutlichen beispielhaft den Perspektivenreichtum, den
Verbekes Band auf das alle Erzählungen verbindende Thema
eröffnet: Während es in *Verlorener Gesang* um eine perspek-
tivlose Fürsorge um den Nächsten geht, führt eine nicht ganz
altruistische Besorgnis um einen angeschlagenen Kollegen in
Mantel der Liebe zu einem zweifelhaften Waffengeschenk.

Mantel der Liebe & Verlorener Gesang

Der Kurzgeschichte *Mantel der Liebe* ist ein Zitat aus dem
Hymnus *Erhöhung der Inanna* vorangestellt, der im 23.
Jahrhundert vor Christus von der sumerischen Priesterin

Enheduanna verfasst wurde. Verbeke greift die hymnische Du-Form im Erzählmodus auf. Diese Erzählweise in der zweiten Person zieht die Lesenden sofort in ihren Bann. Sie suchen zu ergründen, wer die angesprochene Figur ist. Zunächst findet sich in dem im Präsenz erzählten Text keine Antwort. Im Verlauf des Textes wird erkennbar, dass Sprecherin und Protagonistin identisch sind und es sich bei der gewählten Form um eine gedankliche Selbstansprache handelt, die der Beruhigung dient, hat die Hauptfigur doch soeben in einem voll besetzten Zugabteil einen ihr zugesteckten Dolch entdeckt. Jede verdächtige Handbewegung sucht sie nun zu vermeiden, damit ihre Sitznachbarn nicht auf sie aufmerksam werden. Eine erste Außensicht auf diese in einem Zugabteil sitzende angespannte Frau hat Verbeke den Lesenden bereits in der dritten Erzählung *Force majeure* gewährt.

Im Mittelpunkt des Selbstgesprächs der Protagonistin steht implizit die Verhandlung des dem Text vorangestellten Zitats „Muss ich zerstört werden durch Verrat/ich/sogar ich". Mit diesem Ausruf klagt die Hohepriesterin Enheduanna einen vermeintlich engen Weggefährten und Gefolgsmann ihrer Familie an, der sie nach der Machtübernahme verstößt und ihr zum Abschied hintergründig einen Dolch reicht. Die Protagonistin der Erzählung *Mantel der Liebe* ist eine Spezialistin des Werkes der sumerischen Priesterin, sie weiß um die Bedeutung des Geschenks. Nach kurzer Überlegung verdächtigt sie einen vormals eng befreundeten Kollegen, der ihr den Erfolg ihrer Arbeit neidet und ihr nun den Dolch als Aufforderung zur Selbsttötung zukommen lässt. Ausgerechnet um diesen Freund hatte sie stets – nicht zuletzt, um Anerkennung für ihre Selbstlosigkeit zu erlangen – ihren Mantel der Liebe gelegt. Ein Zitat aus einem weiteren Gedicht Enheduannas kommt ihr in den Sinn und lässt sie den

Entschluss fassen, nicht mehr zu klagen, sondern sich mit dem Dolch des Mantels der Liebe zu entledigen. Ob dieses Vorhaben in einem Akt der Selbsttötung mündet, lässt die Erzählung offen.

Die zweite Erzählung *Verlorener Gesang* verweist – insbesondere durch ihre Form – auf der strukturellen Ebene auf ihren Intertext, einen Auszug aus dem XII. Gesang der *Odyssee* von Homer. Inhaltlich kündigt das Zitat sowohl die Figuren des Odysseus und des blinden Sehers Teiresias, der Odysseus seine Zukunft voraussagen soll, an, als auch das in dem Text beschriebene große Leid in dem Flüchtlingslager. In klassischen Versen wird die Gleichgültigkeit Europas gegenüber den hilflosen und vergessenen Flüchtlingen in den Lagern auf den griechischen Inseln angeklagt. Da die täglichen Horrormeldungen in den Medien über ertrunkene Flüchtlinge kaum noch die Menschen erreichen, versuchen Künstler*innen sie auf einen zeitlosen, prägnanten Weg wachzurütteln: Die Belgierin Judith Van Istendael veröffentlichte 2017 die gezeichnete Reportage über die Flüchtlingslager auf Lesbos *Moria. De vergeetput van Europa* (dt.: *Moria. Europas Brunnen des Vergessens*), im Auftrag einer niederländischen Tageszeitung (auf Deutsch im April 2018 in der *Frankfurter Allgemeinen Zeitung* erschienen). Die Bilder der kleinen Graphic Novel von Van Istendael sind einprägsamer und berührender als Fotografien.

Ähnlich verhält es sich mit Verbekes *Verlorener Gesang:* Die jambischen Pentameter dieses klassischen Klagelieds über die ausweglose Situation von Flüchtlingen in Lagern zwingen den*die Leser*in zum langsamen, eventuell sogar lauten Lesen, wodurch der Inhalt an Plastizität gewinnt. Die Geschichte wird aus der Ich-Perspektive eines verzweifelten Flüchtlingshelfers, Dimitris, geschildert. Da das Lager geschlossen werden soll, möchte er seinem Freund Khaled, einem Flüchtling aus Aleppo, helfen. Der gebildete Khaled hat sich als Überlebensstrategie in die Rolle des Odysseus geflüchtet. Seinem Freund Dimitris hat er die Rolle des Teiresias übertragen.

Doch wo Dimitris noch verzweifelt gegen die Realität ankämpft, hat Khaled bereits resigniert, denn er weiß, dass er – im Gegensatz zu Odysseus – seine Heimat Syrien nie wiedersehen wird. Dimitris muss den Freund zurücklassen, ihm bleibt nur, von seinem verlorenen Gesang Zeugnis abzulegen. Verbeke verwendet auf virtuose Art und Weise eine antike Versform und eine archaisch-poetische Sprache, um auf aktuelle, eklatante Missstände hinzuweisen. Diese Diskrepanz zwischen Form und Inhalt löst Verstörung und Unbehagen aus, und zwingt uns zum Nachdenken.

Der Golden Luft Verlag hat zwei wertvolle Kurzgeschichten ausgewählt, die von Stefan Wieczorek hervorragend übersetzt wurden. Die Erzählungen der Autorin Annelies Verbeke haben mehr Aufmerksamkeit seitens des deutschen Literaturbetriebs verdient. Möge diese Übersetzung viele weitere motivieren und damit zahlreichen Leser*innen sehr lesenswerte Erzähltexte der Gegenwartsliteratur erschließen!

Annelies Verbeke: *Verlorener Gesang. Mantel der Liebe. Erzählungen.* Aus dem Niederländischen von Stefan Wieczorek. Mainz: Golden Luft Verlag, 2023. ISBN: 978-3-9822844-1-5.

Radna Fabias

„am anfang war das loch und das loch war schon gegraben"

Radna Fabias: *Habitus*
Aus dem Niederländischen von Stefan Wieczorek

Johanna Bundschuh-van Duikeren

Am Anfang war auch: ein Gedichtband. Der Umschlag schwarz, in das Cover sind Löcher verschiedener Größe gestanzt, der Hintergrund: ebenfalls schwarz. Der Titel, *Habitus*, bedient sich aus dem bildungssprachlichen Register und wirkt analytisch und distanziert. Die Dichterin, Jahrgang 1984, geboren und aufgewachsen auf Curacao, seit dem Studium in den Niederlanden ansässig: ein unbeschriebenes Blatt.

Was vor fünf Jahren mit *Habitus* Literaturredaktionen und schließlich den Jurys verschiedener Literaturpreise in den Niederlanden und Belgien vorlag – und nun auch in deutscher Übersetzung erhältlich ist – stieß auf so viel Begeisterung, dass der Band zum meist ausgezeichneten Lyrikdebüt der niederländischsprachigen Literatur wurde. Was nun macht den einzigartigen Erfolg dieses Textes aus?

Verstehen wir den Titel des Werkes als Hinweis auf das gleichnamige Schlüsselkonzept im Denken des französischen Soziologen Pierre Bourdieu, kann dies die Themen des Bandes erschließen. Bourdieu fasst unter „Habitus" viele als urpersönlich empfundene Bereiche des Verhaltens, der Moralvorstellungen und des Geschmacks und betrachtet sie als nicht zu verbergende Spuren einer Zugehörigkeit zu einem bestimmten Herkunftsmilieu. Die Identität des Individuums erweist sich so als von größeren kollektiven Zusammenhängen bestimmt.

Es sind diese sozialen Zusammenhänge und Wechselwirkungen, die Radna Fabias in ihrer Lyrik sehr präzise vermisst. Die Szenen, die sie dabei entwirft, spielen sich nicht in einem universalen, abstrahierten Raum ab, sondern an Orten, die wiedererkannt werden können: auf den Straßen Curacaos, in niederländischen Städten, in der Wohnung einer jungen, gebildeten, hippen Frau. Sehnsuchtsorte sind es allesamt keine, sondern solche, die von Menschen, ihren Hoffnungen und Abgründen bewohnt werden. Im Transitbereich in ihrer Mitte bewegt sich ein lyrisches Ich, das in allen diesen Räumen gleichzeitig zu Hause und in einer Außenseiterposition ist.

Bilder, Blicke, Kameras

Das Anfangsgedicht kann einen Einblick vermitteln, wie Fabias' Lyrik den Blick auf gesellschaftliche Realitäten eröffnet. Das Ich, das in diesem Gedicht im Übrigen ausschließlich im Titel auftaucht, listet hier auf „was ich versteckte", wobei die Verweise auf den Passatwind, benachbarte Inseln, und der Geruch nach Ölraffinerie (ein stinkendes Überbleibsel des bis vor wenigen Jahren noch unter ,Royal Dutch' firmierenden Konzerns Shell) keinen Zweifel daran lassen, dass wir uns auf Curacao befinden.

den staub
das gras im garten der leute die sich einen rasensprenger leisten können
grüner
die farbe der leute die sich einen rasensprenger leisten können
bleicher als
der junkie im garten der leute die sich einen rasensprenger leisten können

das zeugs unterm arm des junkies im garten der leute die sich einen
rasensprenger leisten können
die tiefschwarze farbe des streunenden junkies an dessen füßen eine
dichte schicht hornhaut gewachsen ist

                      das sind natürliche schuhsohlen

Die Sprache gleicht in dieser Passage einer Kamera. Sie scheint
sich auf die Wiedergabe von objektiv Beobachtbarem zu
beschränken, wobei durch die Wiederholung einzelner Wörter und ganzer Phrasen zunehmend auf Details ‚scharfgestellt‘
wird, die die Sichtbarkeit sozialer Ungleichheit betonen. Doch
was ist mit dem Einwurf zu den „natürlichen schuhsohlen“?
Es wirkt, als trete neben die nur Tatsachen aufzeichnende
Kamera in Gestalt der linksbündigen Zeilen, rechtsbündig die
Stimme einer einordnenden und vergleichenden Instanz (der
im Original aufgrund eines größeren Seitenformats fehlende
Zeilenumbruch macht dies noch deutlicher).

Das lyrische Ich in *Habitus* ist, das zeigt dieses erste Gedicht sehr deutlich, immer ein in sich gebrochenes, mehr-
stimmiges, das gleichermaßen von außen und von innen,
beteiligt und unbeteiligt auf bestimmte soziale Verhältnisse
blickt. Wir können es als Darstellung verschiedener Zeit- und
Reflexionsebenen lesen, oder als Versuch, zwischen Kulturen
zu vermitteln. Eines steht fest: völlig aufgelöst werden kann
seine innere Widersprüchlichkeit nicht.

Trotz des stark visuellen Charakters von Fabias' Gedichten
geht es nie darum, die Illusion ungebrochener Wirklichkeit zu
schaffen. Durch den gesamten Band zieht sich vielmehr das
Motiv von Film- und Fernsehaufnahmen. Manche Gedichte
tragen die „szene“ im Titel, eine Figur wird als „meine stunt-
frau“ bezeichnet, und immer wieder finden sich Formulierun-
gen wie „die kamera zoomt heraus“ und „der korrespondent
zuckt mit den schultern“. Zweifellos entsteht so eine Distanz

zu den aufgerufenen Bildern. Wir werden daran erinnert, dass es sich um eine Folge von mehr oder weniger inszenierten, auf jeden Fall aber bewusst miteinander in Beziehung gesetzten Elementen handelt. So wird etwa auch das – vielleicht touristische – Verlangen nach einem karibischen Inselparadies brutal zurückgewiesen: „in goldner landschaft blüht es tropisch / aber wir sehen ein close-up aufgerissener narben".

Gewalt, Narben und Verwundungen sind im gesamten Band präsent und werden oft als Kontrast zu scheinbar idyllischen Szenen gesetzt. Auch wenn nicht immer hergeleitet werden kann, woher die Wunden genau rühren, erscheinen sie doch durchweg als Ergebnis menschlicher Handlungen. So verhält es sich auch mit dem „loch", das „am anfang war". Es handelt sich nicht um ein Naturphänomen, sondern um einen Tatbestand: „am anfang war das loch und das loch war schon gegraben / falls wahrnehmen nicht bereits schuld bedeutet trug ich keine verantwortung".

Nicht nur das Ich reflektiert in *Habitus* über Schuld und Verantwortung. Die Gedichte zwingen auch die Lesenden dazu, ihren eigenen Standpunkt aufzuarbeiten. So hinterfragt das zuvor zitierte „aber wir sehen ein close-up aufgerissener narben", ob wir nicht umhinkönnen, trotz aller gezeigten Schönheit den Schmerz zu sehen. Oder, das wäre die andere Variante, ob wir nicht vielmehr gegen unseren Willen mit dem Schmerz konfrontiert werden (müssen). Je nachdem, zu welchem Kollektiv wir uns zählen, wird die Antwort wahrscheinlich unterschiedlich ausfallen.

Schuld und Verantwortung

Es sind also eigene und fremde Verstrickungen in Schuld und Unschuld (sowie alle Grauzonen dazwischen), die Fabias zu einem zentralen Thema macht. Sie ergeben sich aus den Bedingungen von Kolonialismus, Patriarchat und Kapitalismus. Im dritten der insgesamt fünf allesamt mit „reiseführer" überschriebenen Gedichte, die auf Curacao angesiedelt sind, heißt es:

sie können kirchen besuchen die eigentlich dieselben sind wie die
die sie schon kennen
aber diesmal in bunt
um von der scham und dem blut
auf den wänden
abzulenken

Es wurde schon öfter darauf hingewiesen, dass Fabias' Lyrik politisch ist. In der Tat lässt sie sich mit viel Gewinn so lesen: Sie kann dazu beitragen, ein Bewusstsein für die Kolonialvergangenheit und -verbrechen der Niederlande, für Rassismus und übrigens auch Sexismus und sexualisierte Gewalt zu schaffen. Sicherlich vermag sie auch einen Resonanzraum für marginalisierte Stimmen und deren Erfahrungen zu eröffnen. Es wäre aber falsch, und im Übrigen auch unmöglich, *Habitus* auf seine politischen und zeitdiagnostischen Bezüge zu reduzieren (insoweit man dabei von einer Reduktion sprechen sollte). Schon allein die Formensprache des Bandes widersetzt sich jeglicher vereinheitlichenden Lektüre. In manchen Gedichten wird der Text frei über die Seite verteilt (in einem mit „vater" betitelten Gedicht etwa wird das fast leere Blatt selbst zum Bedeutungsträger); es finden sich Gedichte in Listenform mit Kästchen zum Abhaken ebenso wie in Strophen organisierte Verse oder Prosasegmente. Auch eher hermetische Lyrik, wie etwa „ansichtskarte", findet einen Platz; jedes Lesen ruft hier neue Assoziationen auf:

„lieb / ich habe (wie gewünscht) mein ohr aufs meer gelegt, aber ich hörte nur, wie sich der sand bewegt".

Die Überfülle an Formen hält die Lektüre lebendig, verhindert ein Sich-Einschleifen von bequemen Lesemodi, ein gleichsam touristisches Konsumieren der Texte. Die Übersetzung von Stefan Wieczorek, das sei an dieser Stelle erwähnt, wird diesem Variantenreichtum bewundernswert gerecht.

Endlose Schleifen

Was aber hält die Gedichte zusammen? Die Reihung im Band erweckt den Eindruck, es werde chronologisch erzählt. Eine Schwarze Frau aus der Karibik migriert in die Niederlande und wird dort nach ersten Assimilationsschwierigkeiten von einer sehr misstrauisch und prüfend auftretenden Mehrheitsgesellschaft angenommen. Dazu passt auch die Unterteilung des Gedichtbandes in drei Abschnitte, von denen der erste, „aussicht mit kokosnuss" in der Karibik angesiedelt ist („das unmögliche blau des meeres") und der letzte, „nachweislich erfolgte bemühungen", in den Niederlanden („die windmühlen / die meinungsfreiheit / der bibelgürtel").

Diese Lesart ist verführerisch, nicht zuletzt insofern sie sich mit der Biographie der Autorin überlappt, sie ist aber auch verkürzend: Stimmiger als mithilfe der pfeilförmigen Linie, die den Lebensweg einer jungen Frau hin zu dem fragwürdigen Ziel der „nachweislich erfolgten [Integrations-] bemühungen" nachzeichnet, lassen sich die Gedichte als Schleifen lesen, die immer wieder aufeinander verweisen, ohne je zum Abschluss zu kommen. Über die Bewegungen des lyrischen Ichs – man beachte mehrere Flughafenszenen – bleiben die geographischen und kulturellen Räume und die damit verknüpften Verhaltensweisen und Überzeugungen in Verbindung. Es ist die Position dazwischen, ein durchaus schmerzvoller Zustand, der zum Ausdruck gebracht wird.

der zurückgekehrte migrant ist der erwachsene ist
das mutterland das die mutter ist in die er
hineinzukriechen versucht ist das kriechen ist heiß ist überall
blut ist die hebamme die seufzt
„es tut allen weh"

Auch in dem als Nachwort gesondert aufgenommenen Gedicht „rast" werden die Spaltungen des migrantischen Habitus keiner endgültigen Aufhebung oder Hierarchie zugeführt. Wohl aber findet eine Aneignung des Zwischenzustandes statt. Das lyrische Ich hat hier die Mutter – eine Liebestat – zurück ins „wüste land" gebracht, eine Anspielung auf T. S. Eliots berühmtes Langgedicht *The Waste Land*. In der Zeit nach dem Ersten Weltkrieg verfasst, ist das wüste Land bei Eliot eine Welt ohne Werte, Sinn oder Zusammenhang. Dennoch endet sein Gedicht mit „shanti", der Anrufung des inneren und äußeren Friedens, und lässt damit Hoffnung aufkeimen. Parallel verfährt Fabias: Ihr letztes Gedicht strotzt von nicht auflösbaren Paradoxen und stiftet so eine gewisse Unruhe. Auch der Titel „rast" deutet wiederum nur auf einen vorübergehenden Halt hin, und nicht etwa auf das Erreichen eines Ziels. Trotzdem wird gerade dieses temporäre Verweilen zum Schluss- und Ruhepunkt stilisiert: „dann raste ich / hier roste ich / hier hört es auf".

Das Dichten mag an dieser Stelle aufhören. Das Denken jedoch fängt hier erst an.

Radna Fabias: *Habitus*. Aus dem Niederländischen von Stefan Wieczorek. Nettetal: Elif, 2022. ISBN: 978-3-946989-63-9.

David Van Reybrouck

„Ich bin ein glühender Anhänger von Oral History"

David Van Reybrouck: *Revolusi. Indonesien und die Entstehung der modernen Welt*
Aus dem Niederländischen von Andreas Ecke

Hendrik Schott

In Deutschland beschäftigt man sich in den letzten Jahren verstärkt mit der eigenen Kolonialgeschichte. Da passt es gut, dass der belgische Autor David Van Reybrouck im September 2022 beim Internationalen Literaturfestival in Berlin (ilb) seine Neuerscheinung *Revolusi: Indonesien und die Entstehung der modernen Welt* vorstellte.

Bei Van Reybroucks Titel handelt es sich um eine überaus fesselnde, historische Erzählung, die den Zeitraum von der niederländischen Expansion in Südostasien zu Beginn des 17. Jahrhunderts bis zur Unterzeichnung der Souveränitätsübergabe durch Königin Juliana an die Republik Indonesien am 27. Dezember 1949 umfasst. Im letzten Kapitel wird zudem noch die Zeit nach der indonesischen Revolution (‚revolusi') bis zur asiatisch-afrikanischen Bandung-Konferenz im Jahr 1955 behandelt. In einer gelungenen Abfolge aus historischer Interpretation und sehr aufschlussreichen Interviews mit Zeitzeugen aus aller Welt erzählt der Verfasser die Entkolonialisierung Indonesiens aus ganz unterschiedlichen Perspektiven.

Ein Zitat von Ulrich Schreiber, Festivaldirektor des ilb, beschreibt anschaulich, was das gesamte Werk des belgischen Schriftstellers kennzeichnet: „David Van Reybrouck verdichtet Geschichte und Politik auf einem literarischen

Niveau, das mich neidisch macht. Vor allem seine Neugier, sein Fleiß, seine Unbeirrbarkeit und seine Freundlichkeit zeichnen Van Reybroucks Arbeit aus." An seiner umfangreichen, neuen Publikation (752 Seiten) hat der Historiker und Archäologe nicht weniger als fünfeinhalb Jahre gearbeitet und mit fast 200 Zeitzeugen gesprochen. Etwas störend ist die – für einen Historiker – nicht korrekte Verwendung der Bezeichnung „antifaschistisch" in Bezug auf den deutschen Nationalsozialismus. Wie sein 2010 erschienener Bestseller über die Geschichte des Kongo ist auch *Revolusi* eine äußerst spannende Lektüre, die der Verfasser mit einer deutlichen Botschaft verbindet: „Ich betrachte meine Bücher über [den] Kongo und Indonesien als eine Art Wundversorgung: Ich hoffe, dass meine Bücher dazu beitragen können, die Wunden der Vergangenheit zu heilen, damit wir gemeinsam für die Zukunft kämpfen können."

Kolonialgeschichte, Dekolonialisierung und koloniales Erbe

Als Autor eines Standardwerkes über die Geschichte des Kongo weist Van Reybrouck auf die Parallelen zwischen dem niederländischen und belgischen Kolonialismus hin, die sich unter anderem am Prinzip der indirekten Herrschaft und des Einsatzes lokaler Herrscher ablesen lassen. Der flämische Schriftsteller behauptet, dass die Niederländer ein gequältes Verhältnis zu ihrer Kolonialvergangenheit hätten („es gibt ein großes Schweigen") und Indonesien, dem Land mit der viertgrößten Bevölkerung der Welt, international nur wenig Aufmerksamkeit geschenkt werde. Dies sei umso erstaunlicher, da Indonesien unmittelbar nach Ende des Zweiten Weltkrieges als erstes Land seine Unabhängigkeit erklärt

hat, was enorme Auswirkungen auf die globale Entkolo-
nialisierungsbewegung gehabt habe. Eines der wichtigsten
Ereignisse des 20. Jahrhunderts werde somit – nicht nur
in den Niederlanden – von der breiten Öffentlichkeit noch
immer kaum wahrgenommen. Über das Ausmaß des von Van
Reybrouck postulierten „historischen Analphabetismus in
den Niederlanden" kann man unterschiedlicher Auffassung
sein. So sei hier nur auf die achtteilige niederländische Fern-
sehserie *Indonesia roept!* vom Herbst 2023 hingewiesen, die
sich sehr kritisch mit der eigenen kolonialen Vergangenheit
auseinandersetzt. Der Autor dieses Essays erinnert sich auch
an die reflektierten Erzählungen von ‚Oom Marthie' (dt.:
‚Onkel Martin'), ein guter Freund seiner niederländischen
Schwiegereltern, der als niederländischer Wehrpflichtiger
nach 1945 noch in Niederländisch-Ostindien stationiert
war. Wenig bekannt ist hierzulande, dass man jedes Jahr
am 15. August beim Ehrenmal für Niederländisch-Ostindien
in Den Haag allen Opfern der japanischen Besatzung sowie
der bedingungslosen Kapitulation Japans gedenkt. An der
Gedenkveranstaltung 2023, als Direktübertragung im niederländischen Fernsehen ausgestrahlt, nahm Ministerpräsident
Mark Rutte zusammen mit dem Botschafter Indonesiens
teil. Die sehr kontroversen Diskussionen anlässlich dieses
Gedenktages zeigen, welch bedeutende Rolle in unserem
Nachbarland noch immer die Kolonialgeschichte im asia-
tisch-pazifischen Raum spielt.

Revolusi ist aber nicht nur ein Text über die niederländische Kolonialvergangenheit, sondern auch eine Abhandlung
„über die Geburtsstunde der Dekolonialisierung" (so die
Wochenzeitung *Die Zeit*), die unsere Welt grundlegend verändert hat. Für Van Reybrouck ist die „Entkolonialisierung
der südlichen Hemisphäre (...) eines der Schlüsselereignisse
der Weltordnung nach dem Krieg". Für deutsche Leser dürfte

es übrigens interessant sein, dass der Begriff Dekolonisation/ Dekolonialisierung 1932 von dem deutschen Staatswissenschaftler Moritz Julius Bonn, einem der führenden Wirtschaftsfachleute der Weimarer Republik, geprägt worden ist. Dieser wurde bereits im April 1933 von den Nationalsozialisten zur Emigration gezwungen.

Was hat einen aus Flandern stammenden Verfasser dazu gebracht, eine monumentale Publikation über die Kolonialgeschichte Indonesiens zu schreiben, die doch viel eher ein Thema für die ehemalige Kolonialmacht zu sein scheint? Wie Van Reybrouck darlegt, hat man in den Niederlanden noch immer eine eher positive Sicht auf die eigene Kolonialgeschichte. Laut Umfrage eines britischen Meinungsforschungsinstituts aus dem Jahr 2020 ist man in unserem Nachbarland mit 50 Prozent europaweit am stolzesten auf seine koloniale Vergangenheit. Dies dürfte auch damit zusammenhängen, dass man bis zum Ausbruch des Zweiten Weltkriegs nach Großbritannien und Frankreich das drittgrößte Imperium der Welt besaß, was eine „Quelle großen Stolzes" war. Die Expansion in Südostasien führte auch zur Gründung der Niederländischen Ostindien-Kompanie (VOC), der ersten modernen Aktiengesellschaft der Welt. Dies alles mag vielleicht erklären, dass es dem belgischen Historiker leichter gefallen ist, unbefangener über die Kolonialgeschichte Indonesiens zu schreiben, nachdem es ihm nicht gelungen war, hierfür niederländische Kollegen zu begeistern. Als Flame, der viele Jahre in den Niederlanden gelebt und studiert hat, verfügte er vielleicht über genügend Abstand und zugleich auch kulturelle Nähe, um über dieses kontroverse und komplexe Thema zu schreiben.

Van Reybrouck gelingt es auf bemerkenswerte Weise, die Geschichte Indonesiens mit einer Mischung aus journalistischen, historischen und literarischen Elementen zu erzählen.

Wiederholt verwendet er dabei in seinem Buch die Metapher von den drei Decks eines niederländischen Postschiffs, an denen man die Hierarchie und soziale Schichtung der Kolonialgesellschaft in Niederländisch-Ostindien ablesen könne. Diese zeichnete sich durch eine begrenzte Mobilität aus. Ein Aufstieg der einheimischen Bevölkerung (durch Bildung) war schwierig, aber möglich. An der Spitze standen die europäischen Niederländer. Menschen gemischter Abstammung, die „Indo-Europäer", bildeten das untere Ende der kolonialen Oberschicht („nicht ganz weiß und gleichzeitig zu europäisch").

Noch heute spürt man in den Niederlanden im Alltag das Erbe und die Spuren des besonderen Bandes mit der ehemaligen Kolonie. So beinhaltet die Literatur der Niederlande viele bedeutende Klassiker der sogenannten ‚Indischen Literatur', durch die man in die Zeit Niederländisch-Ostindiens eintauchen kann. Beispielhaft sei hier nur der Titel *Max Havelaar* des niederländischen Schriftstellers Multatuli (Pseudonym von Eduard Douwes Dekker) zur Lektüre empfohlen. Ein nicht unerheblicher Teil der niederländischen Bevölkerung hat Wurzeln, die im heutigen Indonesien liegen. Dies zeigt sich unter anderem im Wortschatz der Umgangssprache und den kulinarischen Vorlieben in unserem westlichen Nachbarland. Im Gegenzug gibt es in der modernen indonesischen Standardsprache (‚Bahasa Indonesia') zahllose Entlehnungen aus dem Niederländischen wie beispielsweise die im Text häufig verwendeten Bezeichnungen „revolusi" und „proklamasi". Im deutschsprachigen Raum ist man sich dieser besonderen Bande nur unzureichend bewusst und Van Reybroucks Werk ermöglicht ein besseres Verständnis der Vergangenheit beider Länder.

„Doch nun war die Insel aber wieder vollständig im Besitz des Kolonisators" – Kriegsende und Kampf um die Unabhängigkeit

Äußerst bedrückend sind die Schilderungen der Jahre der japanischen Besatzungszeit und der sich daran anschließenden Kämpfe zwischen niederländischen Truppen und indonesischen Verbänden. Der Fanatismus, Sadismus und die Kriegsverbrechen vieler japanischer Soldaten in Bezug auf die Zivilbevölkerung und die in Lagern internierten Niederländer und Kriegsgefangenen lassen einen noch heute erschaudern. Ebenso wie die Kriegsverbrechen der deutschen Besatzer während des Zweiten Weltkriegs sind auch die Gräueltaten der japanischen Invasoren im kollektiven Gedächtnis der Niederlande noch immer tief verankert. Mehr als ernüchternd ist es, dass es unmittelbar nach Kriegsende auf Seiten der niederländischen und indonesischen Truppen ebenfalls zu haarsträubenden Gräueln und Verbrechen mit hohen Opferzahlen gekommen ist, wie Van Reybrouck und die von ihm interviewten Zeitzeugen sehr detailliert darlegen. Mit Verwunderung liest man dahingegen die Geschichte eines deutschen Zeitzeugen. Es dürfte hierzulande nahezu unbekannt sein, dass noch im Sommer 1944 deutsche U-Boote (die sogenannte ‚Gruppe Monsun') nach Indonesien aufbrachen, um den verbündeten Japanern Waffen und Baupläne für deutsche Kampfflugzeuge zu liefern. Dass ein Mitglied der deutschen U-Boot-Besatzung dort dann eine Javanerin trifft, die er nach dem Krieg heiratet und mit ihr bis zu seinem Tod in den Niederlanden lebt, gehört zu den vielen fesselnden Geschichten, auf die man beim Lesen von *Revolusi* immer wieder stößt.

Ähnlich wie in anderen Kolonien war es auch in Indonesien die gut ausgebildete, einheimische Oberschicht, die die größte

Sehnsucht nach Unabhängigkeit zeigte. In Indonesien wurde die Unabhängigkeitsbewegung dabei von drei Säulen getragen. Neben der nationalistischen Säule gab es noch eine kommunistische sowie eine islamische Bewegung. Letztendlich konnte sich 1949 und in den Folgejahren die nationalistische Säule durchsetzen. Daher verwundert es nicht, dass auf Initiative der indonesischen Regierung 1955 in Bandung die bereits weiter oben erwähnte erste asiatisch-afrikanische Konferenz veranstaltet wurde. Es war die erste große Konferenz der „Dritten Welt", die zur Basis einer weltweiten Unabhängigkeitsbewegung wurde. Für den belgischen Autor hatten die Unabhängigkeitserklärung Indonesiens sowie die Bandung-Konferenz eine globale Signalwirkung, die zu tiefgreifenden politischen Veränderungen auf der gesamten Welt führte.

Revolusi ist unverzichtbar für ein besseres Verständnis der Geschichte Indonesiens, der Niederlande sowie der Dekolonialisierung. Die zentralen Botschaften des nationalen Gedenktags am 15. August ,herdenken en maning' (dt.: ,Gedenken und Mahnung') sind zugleich auch Themen des Buches von Van Reybrouck. Gerade in der heutigen Zeit sind diese wieder von großer Bedeutung und gehen uns alle an.

David Van Reybrouck: *Revolusi. Indonesien und die Entstehung der modernen Welt.* Aus dem Niederländischen von Andreas Ecke. Berlin: Suhrkamp Verlag, 2022. ISBN: 978-3-518-43092-7.

Bea Vianen

„Die Verletzungen der Vergangenheit fallen über dich her, sie drängen sich auf, ohne weitere Erklärung"

Bea Vianen: *Mein Name ist Sita*
Aus dem Niederländischen von Birgit Erdmann

Janka Wagner

Die Niederlande sind allgemeinhin bekannt als weltweit erfolgreiche Handelsnation: Exportschlager wie das Delfter Blau oder Tulpenzwiebeln zeugen vom niederländischen Erfolg und ihrer Jahrhunderte andauernden Handelsgeschichte. Auch die heute ikonischen Grachtenhäuser in Amsterdam sind Ausdruck dieser Geschichte, die ihren Ausgangspunkt im 17. Jahrhundert, dem sogenannten ‚Goldenen Zeitalter' findet. Dass dieser Reichtum und das bis heute anhaltende Erbe jedoch maßgeblich auf kolonialer Ausbeutung fußt, drang – ähnlich wie in anderen kolonisierenden Ländern – bisher nur sehr langsam in das niederländische Narrativ und die öffentlichen Debatten durch. Seefahrer wie Abel Tasman, Namensgeber für das südlich von Australien gelegene Tasmanien und Neuseeland, werden bis in die heutige Zeit als Nationalhelden und Entdecker gefeiert; nach ihnen wurden Straßen benannt und für sie wurden Denkmäler errichtet.

Unreflektiert sprach man in den Niederlanden noch bis in die 2010er Jahre vom ‚Gouden Eeuw', das die Ära des Calvinismus, von Rembrandt, Vermeer und den niederländischen Handelsgesellschaften bildete. Ihre Schiffsflotten begründeten aber ebenso den Beginn der niederländischen Kolonialgeschichte. Denn das kleine Land im Westen Europas, das

199

in dieser Zeit nicht mal zwei Millionen Einwohner zählte, verfügte in seiner Hochphase um 1650 über ein Kolonialgebiet, das 88-mal größer war als das heutige Staatsgebiet und kontrollierte damit etwa die Hälfte des damaligen Welthandels. Zum früheren Einflussgebiet zählten u. a. Niederländisch-Indien (das heutige Indonesien), die sogenannten Niederländischen Antillen in der Karibik (die z. T. heute noch zum Königreich der Niederlande gehören) sowie das heutige Suriname, ein regenwaldreiches Gebiet im nordöstlichen Südamerika an der Grenze zu Brasilien und Französisch-Guyana, das erst 1975 seine Unabhängigkeit erlangte.

Sklaverei in Übersee

Aus diesen Überseegebieten erbeuteten die Niederlande Rohstoffe, wie Kaffee, Kautschuk und Gewürze, die sie in Europa teuer weiterverkauften. Doch neben der wirtschaftlichen Ausbeutung, die die Kolonialgebiete erdulden mussten, zählten die Niederlande Mitte des 17. Jahrhunderts zu den größten Sklavenlieferanten des damaligen Welthandels. Mehr als 600.000 Menschen wurden aus ihrer (meist afrikanischen) Heimat verschleppt, ihrer kulturellen Identität beraubt und in den Zielkolonien zu Sklav:innen gemacht. Und zu dieser Wahrheit gehört auch, dass die Niederlande eines der letzten Länder war, das die Sklaverei (auf internationalen Druck hin) offiziell abschaffte. 1863 wurde die Sklaverei in Suriname gesetzlich beendet. Praktisch blieb das System jedoch noch weitere zehn Jahre intakt, um die dortige Wirtschaft am Laufen zu halten. Mit dem Verbot der Sklaverei sah sich die niederländische Kolonialregierung mit einem enormen Arbeitskräftemangel konfrontiert, deshalb begann sie in der zweiten Hälfte des 19. Jahrhunderts vermehrt Arbeiter:innen aus China, Indien oder Java anzuwerben. So entstand im geografischen Gebiet Suriname ein komplexes Konglomerat verschiedener Nationalitäten, Kulturen, Religionen und Ethnien, das auch heute noch das gesellschaftliche Zusammenleben kennzeichnet.

Echo des Kolonialismus

Wie tief der koloniale Stachel sitzt und wie nachhaltig und durchdringend er auch die Folgegenerationen prägt, zeigt der Roman *Mein Name ist Sita* von Bea Vianen. Der Coming-of-Age-Roman beschreibt das Erwachsenwerden der Protagonistin Sita im Suriname der 1950er Jahre, also noch vor der staatlichen Unabhängigkeit. Halb-Hindustani Sita, die sich selbst nur S. nennt, ist geprägt von ihrer streng christlichen Schulbildung im Nonnenkloster und ihrem autoritären, distanzierten Vater, der seiner Tochter kaum Beachtung schenkt. Die liebevolle, aber kranke Mutter hat Sita bereits im Alter von 15 Jahren verloren und bis auf ihren kleinen Bruder Ata hat sie keine weiteren Verwandten: Die Familiengeschichte ist geprägt von einem schmerzlichen Trauma, das Sita im Verlauf des Romans zu enträtseln versucht und das zugleich exemplarisch scheint für so viele Familien in dem ehemaligen Kolonialgebiet:

Aber da bohrt ein Stachel in ihrem [Sitas] Fleisch, der immer tiefer in sie dringt. Es ist nicht mehr rückgängig zu machen. Die Verletzungen der Vergangenheit fallen über dich her, sie drängen sich auf, ohne weitere Erklärung. Sie werden dir mitgegeben, ohne um Entschuldigung zu bitten. Ein Kind wird geboren, wächst heran, um später die Narben wieder zu erkennen, die schon vor ihm da waren. Es stellt sich Fragen, wehrt sich mit Ungläubigkeit, Groll, Hass [...] Es gibt ein Ziel, das man nicht selbst bestimmt hat. Das Ziel der Leere, der Ohnmacht und des Kummers.

Sita fühlt sich einsam und weitgehend isoliert. Zu ihren Schulfreundinnen kann sie nur langsam Vertrauen aufbauen und mit den Avancen der Jungen und Männer aus ihrem Bekanntenkreis kann sie nicht umgehen. Sita flüchtet sich in die Bücher und fügt sich in ihr Schicksal als fleißige Schülerin, Haushälterin und Ziehmutter für ihren Bruder Ata. Als ihre muslimische Schulfreundin Selinha eine Beziehung mit einem Hindu eingeht und Selinha daraufhin von ihrem Vater und ihren Brüdern vor den Augen der Nachbarschaft verprügelt wird, ist dies für Sita nur ein weiterer Grund, sich zunehmend abzukapseln.

Kritik ohne Anklage

Der Roman erzählt episodenhaft vom Erwachsenwerden der jungen Sita. Durch die szenische Montage verschiedener Alltagssituationen versteht es die surinamische Autorin Bea Vianen, die Spuren der Kolonialgeschichte eindringlich nachzuzeichnen und dies ohne die ehemaligen Besatzer:innen explizit anzuklagen. Gerade in dieser Subtilität und dem Unausgesprochenen entfaltet sich die besondere Wirkungskraft des Romans. Die Geschichte illustriert anschaulich das erzwungene Zusammenleben der verschiedenen Ethnien und Religionen in einem geografischen Gebiet im südamerikanischen Regenwald, das keiner der dargestellten Kulturen wirklich eigen ist. Kreolen, Chinesen, Hindustani, Muslime und Christen leben nebeneinander, aber nicht miteinander. Die von der niederländischen Kolonialpolitik künstlich zusammengeführte Gesellschaft ist geprägt von sozialen Unterschieden, Ressentiments und religiösen Vorbehalten gegenüber den anderen kulturellen Gruppen. Dabei scheint der Alltagsrassismus so tief gesät, dass er – auch von der gebildeten Protagonistin Sita – weder kommentiert, geschweige denn reflektiert oder gar infrage gestellt wird. Über ihren Vater, der mit zwielichtigen Geschäftspartnern als Möbelbauer und Erntekontrolleur sein Geld verdient, urteilt Sita:

> Sie [Sita] hasst ihn, den Bastard ohne Stammbaum. Mit den Sukhus und den Ramessars [Geschäftspartner des Vaters] vergeudet er seine Energie, meist bis tief in die Nacht. Als müsste er sich offenbaren, sich selbst beweisen, was er nicht hat: den Namen eines weißen Plantagenaufsehers und damit dessen Tatkraft und Geschäftssinn. Es ist der Kreole in ihm, der ihn in die Selbstvernichtung treibt und ihn zum Sklaven der listigen Freundschaft dieses asiatischen Gesindels mit ihrem scheinbaren Wohlwollen macht.

Mit diesem kategorischen Schwarz-Weiß-Denken vom ‚guten, zivilisierten Europa‘ und dem ‚wilden Suriname‘ reproduziert Sita die allgegenwärtigen kolonial-rassistischen Denkmuster. Europa und die Niederlande werden nicht als Ursprung der Ausbeutung und des unfreien Lebens in Suriname gedeutet, sondern mit Freiheit, Bildung und individueller Entfaltung assoziiert. Der tropische Lebensraum birgt hingegen große Gefahren:

> Die Natur ist ein abenteuerlicher, berauschender Schwindel. Sie ist immer noch dieselbe, die sie vor vier

Jahrhunderten gewesen ist, als die spanischen Diebe dem Zauber ihres grünen Lächelns erlagen, dem schallenden Gelächter der weißen Vögel über schlammigen Ufern. Aber in Wirklichkeit ist sie ein Schwindel. Ein Gefüge von Unmöglichkeiten. Überdruss für diejenigen, die nicht nur essen, schlafen und Kinder zeugen wollen. Angst bedeutet sie für eine Frau, die kein Werkzeug zu sein wünscht.

Die Natur wird als Bedrohung für alle zivilisierten Menschen präsentiert, deren Lebensziele über die lebensnotwendigen Bedürfnisse und Triebe hinausgehen. Dies gilt insbesondere für Frauen, von denen erwartet wird, dass sie sich passiv ihrem naturgegebenen Schicksal hingeben. Auf der anderen Seite lassen sich die männlichen Romanfiguren – unabhängig davon, welche Gottheit sie anbeten – von ihrem Stolz und ihrer Ehre leiten. Ihr oft übergriffiges Verhalten bleibt in der Regel ungestraft und wird von den Frauen stillschweigend akzeptiert. Für die Männer ist der soziale Status und gesellschaftliche (will sagen männliche) Anerkennung entscheidend. Die dargestellten Frauen fügen sich hingegen in ihre vorbestimmte Rolle. So urteilt die noch minderjährige Sita über den 20-jährigen Ram, der ihr regelmäßig den Hof macht:

> Er ist neidisch, in seiner männlichen Ehre gekränkt, verletzt in seiner asiatischen Überlegenheit. [...] Obwohl sie [Sita] keine Vollblut-Hindustani ist, ist es keineswegs ausgeschlossen, dass er ihr einen Heiratsantrag macht. Um sie zu unterwerfen und ihr zu beweisen, dass er ein Mann und ihr somit überlegen ist. Widerwärtig findet sie seine Freundlichkeit. Es kostet sie Mühe, ihre Verachtung vor ihm zu verbergen.

Zwar erkennt Sita ihre intellektuelle Überlegenheit und versteht es, die soziale Ungleichheit zwischen Mann und Frau zu deuten und damit auch ein Stück weit zu dekonstruieren. Doch trotz großer Abneigung schluckt sie ihren Groll hinunter und muss sich dem starken sozialen Druck unterordnen. Als sich dieses gesellschaftliche Korsett jedoch immer enger schnürt und ihr die Luft gänzlich zu nehmen droht, scheint Flucht für sie der einzige Ausweg.

Bedeutung des Romans in den Niederlanden

Mein Name ist Sita ist nicht nur der Debütroman von der 1957 in die Niederlande emigrierten Bea Vianen, sondern auch der erste Roman einer Surinamerin, der 1969 bei einem niederländischen Verlag veröffentlicht wurde. Mehr als fünfzig Jahre nach Erscheinen ist der Roman nun erstmals in deutscher Übersetzung von Birgit Erdmann zugänglich. Mit ihren Büchern bereitete Vianen den Weg für viele niederländisch-karibische Autor:innen, deren Stimmen in den Niederlanden lange Zeit ungehört blieben und die in Deutschland größtenteils noch ungehört sind. Ethnizität, Sexualität und Unfreiheit sind Themen, die in ihren Romanen fortlaufend wiederkehren und die ihre Werke in Suriname zu literarischen Klassikern machen. Denn gerade die Bücher, die aus der Innenperspektive der niederländischen Kolonialgebiete berichten, helfen, das geschehene Unrecht besser zu verstehen.

Bea Vianen: *Mein Name ist Sita*. Aus dem Niederländischen von Birgit Erdmann. Berlin: Transit, 2022. ISBN: 978-3-88747-393-8.

Raoul de Jong

„Dieses Buch ist keine Anklage, sondern ein Geschenk"

Raoul de Jong: *Jaguarmann*
Aus dem Niederländischen von Lotte Hammond

Hans Beelen

Es fing an im Jahre 2011 mit einer Mail aus dem Nichts, bestehend aus einem einzigen Satz mit drei Smileys: „Ich suche meinen Sohn Raoul de Jong." Der Adressat: ein junger Schriftsteller, der mit autobiographischen Werken über seine Schulzeit, über das letzte Lebensjahr seines Groninger Großvaters und über eine Reise zu Fuß nach Südfrankreich, in den Niederlanden bereits literarischen Erfolg hatte. Mit einem großen Thema hatte er sich allerdings noch nicht auseinandergesetzt: den eigenen surinamischen Wurzeln.

Suriname, im Nordosten Südamerikas gelegen und viermal so groß wie die Niederlande, wurde bald nach der Entdeckung im Jahre 1491 aufgrund seiner reichen Naturressourcen von den europäischen Mächten heiß umkämpft. 1667 geriet es in die Hände der Niederlande, die das Gebiet – damals noch Niederländisch-Guyana genannt – als wichtigen Lieferanten für Tabak, Baumwolle und Zucker, später Kautschuk und Bauxit, zu schätzen wussten. Gouverneure, Plantagenbesitzer und Kaufleute machten dort ihr Vermögen, bevor sie in ihre luxuriösen Herrenhäuser an den Grachten Amsterdams zurückkehrten. Die harte Arbeit auf den Plantagen wurde allerdings von Versklavten geleistet, die aus Afrika importiert wurden: eine bittere und barbarisch-blutige koloniale Geschichte, die mit der Abschaffung der Sklaverei im 19. Jahrhundert oder der Unabhängigkeitserklärung Surinames im Jahre 1975 keineswegs beendet war. In den Niederlanden wohnen heute gut 350.00 Menschen surinamischer Herkunft, von denen fast die Hälfte in den Niederlanden geboren ist.

1984 aus einer kurzlebigen Liebesbeziehung zwischen einem Surinamer und einer Niederländerin geboren und in Rotterdam aufgewachsen, hat Raoul de Jong bis 2011 nur sporadisch Kontakt zu seinem Vater. Nach der unerwarteten Mail gibt es ein aufwühlendes persönliches Treffen, bei dem natürlich auch über die Familiengeschichte gesprochen wird, die die beiden Männer verbindet. Das Gespräch kommt auf einen Fluch, den die versklavten Vorfahren auf einer surinamischen Plantage durch magische Rituale auf sich gezogen haben sollen. Der Vater fleht ihn an: „Ich bitte dich, mein Sohn, lass die Finger davon." Die väterliche Mahnung bewirkt eben das Gegenteil: der Sohn, jetzt erst recht neugierig geworden, begibt sich auf eine Suche nach seinen Ahnen, die zugleich eine Expedition ins Unbekannte wird.

Auf der Suche

Jaguarmann ist die Beschreibung dieser Suche. Der Roman besteht aus zehn Briefen, gerichtet an einen Medizinmann, der sich angeblich in das königliche Tier des tropischen Regenwaldes, einen Jaguar, verwandeln konnte. Am Anfang fragt ihn De Jong, über welche magischen Kräfte dieser rätselhafte Vorfahre verfügt:

> Kann das sein? Kann es sein, dass mein Leben von Deinen Taten beeinflusst wird? Nur, weil wir ein paar gleiche Gene haben? (...) Und wenn das so ist, dann

muss ich logischerweise auch Spuren vom Vater meines Vaters und von dessen Vater in mir tragen. Einer dieser Vorväter bist Du. Mein Vater sagt, Du konntest Dich in das stärkste und – wie manche meinen – grausamste Tier des südamerikanischen Regenwaldes verwandeln: in den Jaguar, den König des Amazonas. Wie hast Du das gemacht?

Am Anfang steht allerdings nicht nur die Verwunderung, sondern auch das Unwissen. Denn ebenso wie die meisten seiner Leser:innen wusste auch der Autor fast nichts über das Land Suriname, das auf den Lehrplänen niederländischer Schulen einen mehr oder weniger weißen Fleck bildet und über das er in einem riesigen Buchladen nur ein einziges Buch vorfand, geschrieben dazu von zwei weißen Niederländern. Fortan recherchiert er fleißig in Bibliotheken, Buchläden, Archiven und im Internet. Ein Werk, das De Jong tief beeindruckt, liegt auch in deutscher Übersetzung vor: Anton de Koms *Wir Sklaven von Suriname*, zuerst 1934 erschienen. Als Kombination von politischem Kommentar, Essay, Geschichtsschreibung und Autobiographie, abgewechselt mit lyrischen Passagen, ist De Koms Werk, mit dem er „den Unterdrückten eine Stimme geben" wollte, für De Jong zweifelsohne eine Inspirationsquelle. Mehr aber als bei De Kom geht De Jongs historische Erfahrung nicht nur mit Stolz, sondern auch mit geradezu euphorischer Lebensfreude einher. Das zeigt sich beim Besuch eines ‚Ketikoti'-Festivals, mit dem am 1. Juli die Abschaffung der Sklaverei gefeiert wird. „Auf einmal erkannte ich, wie gegenwärtig diese Vergangenheit ist. Und was für ein Wunder es war, dass es uns alle gab, dass unsere Vorfahren irgendwie überlebt hatten." Nachdem er einer ekstatischen Rede zugehört hat, steht für den Schriftsteller fest: „Wir müssen unsere

Vorfahren zu Helden erklären." In Folge dieser Erkenntnis bucht er ein Flugticket nach Suriname und besucht das Land seines Vaters zum ersten Mal.

Die fröhliche Entwurzelung

Der anglo-indische Wissenschaftler Homi K. Bhabha hat 1994 den Begriff des „Dritten Raums" geprägt, als Metapher für das Lebensgefühl von Menschen, die in zwei Kulturen beheimatet sind und deren „hybride Identität" mit Gefühlen der Entwurzelung und Orientierungslosigkeit einhergeht. Im postkolonialen Suriname erfährt auch De Jong diesen Dritten Raum am eigenen Leibe. Bereits in der ‚weißen Welt' seiner Rotterdamer Heimat hat De Jong sich als Zuwanderer empfunden; auch in Paramaribo entlarven ihn seine Art zu gehen und zu sprechen, seine blauen Augen, lockere Kleidung und wilde Haartracht, sowie die in seinen Augen typisch niederländische „vrijpostigheid" (dt.: ‚Dreistigkeit') sofort als Nicht-Surinamer.

Der Dritte Raum ist Bhabha zufolge aber zugleich ein Platz für kritische Distanz, der das Potenzial für neue Sichtweisen und kreative Entfaltung bietet. Auch De Jong scheint aus seiner Zwischenposition geradezu Kraft und Lebensfreude zu gewinnen; entsprechend bietet das Buch eine aufmunternde Lektüre.

Das Spiel mit der Authentizität

In Suriname erfährt er in Gesprächen mit zahlreichen Expert:innen und während Besuchen diverser Einrichtungen vieles über den Regenwald und die Plantagen, über die

Geschichte Surinames, Sklaverei und ihre Abschaffung, innenpolitische Schwierigkeiten nach der Unabhängigkeit, verschiedene Bevölkerungsgruppen und ihre Kulturen, Tanz und Rhythmus und über aus Afrika mitgenommene Zauberkunst, sowie über zahlreiche Schriftsteller:innen und Widerstandsheld:innen. In den Briefen an den Jaguarmann wird dieses reiche Wissen mit den Leser:innen geteilt, die quasi zusammen mit dem Erzähler das Land für sich erschließen.

In der niederländischen Tageszeitung *NRC* wurde *Jaguarmann* bezeichnet als „eine einmalige Mischung aus Non-Fiktion und Fiktion, klassischer Suche, Reiseerzählung, Lebensweisheit, Gebet und Märchen, Literatur- und Geschichtsschreibung." Das Werk lässt sich der Autofiktion zuordnen, jener Gattung autobiographischer Literatur, in der die Trennung zwischen Wirklichkeit und Fiktion, zwischen Autobiographie und Roman auf verspielte Art und Weise relativiert wird. Aber trotz raffinierter literarischer Stilisierung wirkt dieser sehr persönliche Roman durchaus authentisch: die Begegnung mit dem Vater und die Reise nach Suriname haben wirklich stattgefunden und werden auch in Interviews immer wieder von Raoul de Jong erwähnt. Der dokumentarische Charakter manifestiert sich in zahlreichen Verweisen auf gedruckte und digitale Quellen. Ein äußerst individuelles Element bilden zudem die Porträtzeichnungen der Menschen, denen De Jong auf seiner Reise begegnet ist; zahlreiche dieser Abbildungen stammen aus der Hand des Autors, der damit auch visuelle Kunst in sein Werk integriert.

Sieben Tage ohne Zigaretten, Alkohol, Fleisch, Salz und Sex

Am Ende seines Surinamaufenthalts geht es dem Erzähler plötzlich nicht gut. Nach einem Besuch jener verwilderten Plantage, auf der seine Vorfahren einmal gelebt haben, wird ihm klar, dass seine Suche in Suriname noch nicht beendet ist. Er beschließt, zwei Wochen länger zu bleiben. Elly Purperhart, eine Priesterin der afro-surinamischen Religion, verschreibt ihm einen ‚wisi‘, eine rituelle Reinigung, für die er sieben Tage ohne Zigaretten, Alkohol, Fleisch, Salz und Sex ausharren muss. Zurück in den Niederlanden besorgt De Jong sich die benötigten Utensilien, unterwirft sich dem magischen Ritual, in dessen Verlauf er die Briefe verfasst, in denen er in Dialog mit dem Jaguarmann tritt. Zum Schluss erkennt er, wer der Jaguarmann in Wirklichkeit ist.

Tanzende Schriftsteller:innen

Im Laufe der Erzählung werden zahlreiche Schriftsteller:innen surinamischer Herkunft vorgestellt, die De Jong auf seinem Weg begleiten, etwa Astrid Roemer, Bea Vianen, Leo Ferrier, Saya Yasmine Amores, Karin Amatmoekrim, Anil Ramdas, Tessa Leuwsha, Etchica Voorn und Johan Fretz. Im Jahre 2023, zwei Jahre nach Erscheinen des Romans, wurde De Jong gebeten, für die niederländische Bücherwoche das ‚Boekenweekessay‘ zu schreiben. Er widmete es „der Geheimgesellschaft der tanzenden Schriftsteller:innen": jenen Autor:innen, die als freie Nachkommen von Versklavten ihren Platz in der Welt eingenommen haben und ein dichtes und beeindruckendes Netz aus Geschichten und Erzählungen gesponnen haben. Für De Jong war dieses essayistische Sequel zum Roman eine gute Gelegenheit, die Universalität der Thematik von *Jaguarmann* hervorzuheben, nachdem das Werk in den Niederlanden zwar gelobt, aber zu sehr als privates Selbstfindungsbuch eines surinamischen Niederländers interpretiert wurde.

In der Tat: *Jaguarmann* ist einerseits zwar ein zutiefst persönliches Werk, aber bietet andererseits einen wohl dokumentierten Einblick in eine große Gruppe Autor:innen mit einer ganz eigenen Stimme und Thematik. Im niederländischsprachigen Podcast *Tigri Tories* hat De Jong dieses Projekt fortgesetzt; hier präsentiert er zusammen mit Noraly Beyer „surinamische Schriftsteller:innen, die in jedem Bücherregal einen Platz verdienen." Für neugierig gewordene Leserinnen und Leser ist die erfreuliche Nachricht, dass einige davon mittlerweile in deutscher Übersetzung vorliegen (vgl. etwa den Beitrag von Janka Wagner über Bea Vianen in diesem Band). Für ihre wunderbare Übertragung von *Jaguarmann* erhielt Lotte Hammond den Übersetzer:innenpreis der Stadt Wien.

Raoul de Jong: *Jaguarmann*. Aus dem Niederländischen von Lotte Hammond mit Illustrationen von Raoul de Jong und Elisabeth Tomasetti. Aachen: edition amikejo, 2024.

Autor*innen

Laurette Artois, Lehrbeauftragte Niederlandistik an der Goethe-Universität Frankfurt am Main.

Pia Awater, wissenschaftliche Mitarbeiterin Niederlandistik an der Universität Duisburg-Essen.

Hans Beelen, Lehrkraft für besondere Aufgaben Niederlandistik an der Carl von Ossietzky Universität Oldenburg.

Emmeline Besamusca, Lektorin Kulturwissenschaft an der Universität Wien; Dozentin Niederlandistik an der Universiteit Utrecht (NL).

Christina Bickel, Pfarrerin der Evangelischen Kirche in Oberkaufungen, Promotion 2021 zum Thema „Religion im Werk von Maarten 't Hart, eine narratologische Analyse in praktisch-theologischer Perspektive".

Lina L. Blank, wissenschaftliche Mitarbeiterin niederländische Literaturwissenschaft an der Carl von Ossietzky Universität Oldenburg.

Ute K. Boonen, Leiterin der Abteilung Niederlandistik und Direktorin des Instituts für niederrheinische Kulturgeschichte und Regionalentwicklung der Universität Duisburg-Essen.

Lotte van den Bosch, wissenschaftliche Mitarbeiterin niederländische Literaturwissenschaft an der Carl von Ossietzky Universität Oldenburg; Forschungs- und Lehrassistentin am Lehrstuhl für Verfassungs- und Verwaltungsrecht an der Universiteit Leiden (NL).

Johanna Bundschuh-van Duikeren, wissenschaftliche Mitarbeiterin niederländische Literaturwissenschaft; Studiengangskoordination MA Angewandte Literaturwissenschaft – Gegenwartsliteratur an der Freien Universität Berlin.

Beatrix van Dam, wissenschaftliche Mitarbeiterin niederländische Literaturwissenschaft an der Universität Münster.

Irmgard Fuchs, Koordinatorin und Examinatorin der Niederländischzertifikatsprüfung (CNavT) an der Universität Zürich; Hochschuldidaktikerin an der Universiteit Utrecht (NL).

Ralf Grüttemeier, Professor niederländische Literaturwissenschaft am Institut für Niederlandistik der Carl von Ossietzky Universität Oldenburg.

Christine Hermann, Lektorin Literaturwissenschaft an der Universität Wien.

Matthias Hüning, Professor niederländische Sprachwissenschaft am Institut für Deutsche und Niederländische Philologie der Freien Universität Berlin.

Jan Konst, Professor niederländische Literaturwissenschaft am Institut für Deutsche und Niederländische Philologie der Freien Universität Berlin.

Maria-Theresia Leuker, emeritierte Professorin niederländische Literaturwissenschaft am Institut für Niederlandistik der Universität zu Köln.

Lisa Mensing, freiberufliche Übersetzerin; wissenschaftliche Mitarbeiterin niederländische Literaturwissenschaft an der Universität Münster.

Lut Missinne, Professorin niederländische Literatur am Institut für Niederländische Philologie der Universität Münster.

Bettina Noak, Lehrkraft am Oberstufenzentrum Prignitz; Promotion und Forschungen zur niederländischen Literatur der Frühen Neuzeit.

Jan Oosterholt, Universitair Docent Letterkunde an der Open Universiteit (NL), Privatdozent niederländische Literaturwissenschaft an der Carl von Ossietzky Universität Oldenburg.

Ilona Riek, Leiterin des Fachinformationsdienstes Benelux/Low Countries Studies und der Bibliothek im Haus der Niederlande an der Universität Münster.

Patrick Schetters, Lehrbeauftragter für Niederlandistik & germanistische Linguistik an der Universität Zürich.

Rita Schlusemann, Privatdozentin niederländische Literaturwissenschaft und Leiterin DFG-Projekt am Institut für Deutsche und Niederländische Philologie der Freien Universität Berlin.

Sabine Schmitz, Professorin spanische und französische Literatur- und Kulturwissenschaft und Vorsitzende des Belgienzentrums an der Universität Paderborn.

Hendrik Schott, Lehrbeauftragter für Niederländisch und Afrikaans an der Universität zu Köln.

Anna Stemmann, Juniorprofessorin Neuere deutsche Literatur mit dem Schwerpunkt Kinder- und Jugendliteratur an der Universität Leipzig.

Janka Wagner, wissenschaftliche Mitarbeiterin/Veranstaltungskoordinatorin des Zentrums für Niederlande-Studien der Universität Münster.

Marie Weyrich, Doktorandin romanische Literatur- und Kulturwissenschaft und Gründungsmitglied des Belgienzentrums an der Universität Paderborn.

Truus De Wilde, Lektorin Niederländisch an der Freien Universität Berlin.

Abbildungsnachweis

Toine Heijmans © Merlijn Doornernik; Cees Nooteboom © Simone Sassen; Mathijs Deen © Mathias Bothor; Miek Zwamborn © Roeland Fossen; Lieke Marsman © Merlijn Doornernik; Mariken Heitman © Jelmer De Haas; Tobi Lakmaker © Willemieke Kars; Hanna Bervoets © Merlijn Doornernik; Joris Mertens © Uitgeverij Oogachtend; Panel aus *Das große Los*: © 2023 Splitter Verlag / Joris Mertens; Wauter Mannaert © Wauter Mannaert; Ben Gijsemans © Ben Gijsemans / Oogachtend / Edition Moderne; Panel aus *Aaron*: © Ben Gijsemans / Oogachtend / Edition Moderne; Lize Spit © Carmen de Vos; Gerda Blees © Bartjan de Bruijn; Jaap Robben © Stephan Vanfleteren; Ilja Leonard Pfeiffer © Marc Brester / aquattromani.nl; Sandra Langereis © Geert Snoeijer; Titelseite *Reyneken Vosse*, Frankfurt/Main 1550 © The Phoebus Foundation, Antwerpen; Caroline de Gruyter © Caroline de Gruyter; Lisa Weeda © Gaby Jongenelen; Marcel Möring © Keke Keukelaar; Louis Ferron © Hans van Dijk / Nationaal Archief; Simone Atangana Bekono © Gaby Jongenelen; Annelies Verbeke © Wannes Nimmegeers; Radna Fabias © Elizar Veerman; David Van Reybrouck © Frank Ruiter; Bea Vianen © Transit Verlag; Raoul de Jong © Stephan Vanfleteren.

Bei einer Tasse Kaffee kommen die Journalistinnen Katharina Borchardt und Bettina Baltschev mit Autor:innen aus den Niederlanden und Flandern ins Gespräch und stellen Neuerscheinungen vor. Dabei sind Auszüge in Originalsprache und Persönliches von ihren Gästen zu hören. Auch dieser deutschsprachige Bücherpodcast macht Lust und Laune auf eine Entdeckungsreise durch die aktuelle niederländischsprachige Literaturszene.

Bislang wurden folgende Autor:innen und Werke vorgestellt:

Episode 1:   Arnon Grünberg, *Besetzte Gebiete*
Episode 2:   Judith Fanto, *Viktor*
Episode 3:   Charlotte Van den Broeck, *Wagnisse*
Episode 4:   Herman Koch, *Finnische Tage*
Episode 5:   Marente de Moor, *Phon*
Episode 6:   Tobi Lakmaker, *Die Geschichte meiner Sexualität*
Episode 7:   Gerda Blees, *Wir sind das Licht*
Episode 8:   Gerbrand Bakker, *Knecht allein*
Episode 9:   Stefan Hertmans, *Der Aufgang*
Episode 10: Lize Spit, *Ich bin nicht da*

Ein Projekt der Niederländischen Botschaft in Berlin und der Niederländischen Stiftung für Literatur in Amsterdam in Kooperation mit Flanders Literature Antwerpen und der Diplomatischen Vertretung von Flandern.

Bei den Titeln, die auch in diesem Band besprochen werden, verweisen die QR-Codes auf die entsprechenden Episoden.